JN308877

さめがわこどもセンター誕生物語

"幼保一元"と過疎の村の選択

野津 牧・青砥ハツ子 編
Nozu Maki & Aoto Hatsuko

さめがわこどもセンター 著

ひとなる書房
HITONARU SHOBO

Prologue はじめに

　いわき市内の大学を出て、車で国道6号線を茨城県方面に南下すると、ほどなくしていわき湯本温泉郷にさしかかります。常磐炭鉱全盛期は、この温泉街もかなりにぎわったようですが、それでも今も30軒ほどの温泉宿が営業しています。
　やがて映画『フラガール』で有名になったスパリゾートハワイアンズの前の道を抜けると、これからはゆるやかな登り道が続きます。まだ、ここから鮫川村までは1時間ほどの道のりです。やがて民家もまばらになり始めると、鮫川の清流沿いの道に入ります。今日は、以前から楽しみにしていたさめがわこどもセンターの幼稚園の卒園式の日です。
　さめがわこどもセンターは、2005年度（平成17年度）から二つの村立保育所が統合されて鮫川保育園として生まれ変わると同時に、村立鮫川幼稚園といっしょに、廃校になった元小学校の校舎に移転し、保育園と幼稚園が同一の建物の中で同じ保育方針の下に運営されている保育施設です。
　今回は、「子どもたちの写真を自由に撮りたいので来賓扱いにしないでください」と、事前にセンターの青砥ハツ子所長にお願いしてありましたので、式場となっている体育館に入ると保護者席の後ろのほうに場所を確保しました。
　体育館は、小学校当時の施設をそのまま転用したものですが、絵本の中の絵が飾られるなど保育施設らしく質素ななかにも温かみが感じられるように工夫されています。
　やがて式が始まると入場口から幼稚園の35人の子どもたちが担任の先生に連れられて入場し、保護者のみなさん、保育園の子どもたち、そして先生たちが拍手で迎えます。
　卒園式は、「♪きれいな花とやさしい光にいつも包まれるさめがわこどもセンター……」と、鮫川村にゆかりのあるシンガーソングライターのタケカワユキヒデさん（元ゴダイゴのメインボーカリスト）が作曲した『こどもセンターのうた』の子どもたちによる元気な合唱から始まりました。
　式典では、センターの青砥所長が舞台の上ではなく、子どもたちと同じフロアーに立ち、一人ひとりに卒園証書を渡します。卒園証書を手にした子どもは、順番に保護者席の前に置いてある箱に卒園証書を置いていきますが、箱の向かいにはお母さん、お父さんが待っていて、わが子と目を合わせ、「おめでとう」と声をかけてきます。

　第一部の卒園証書の授与が終わると、体育館のフロアーは保育園の子どもたちと保護者の

スペースをのぞいて広く開けられます。第二部の始まりです。

　第二部の式典は、「はばたく子どもたち」と題して、卒園する子どもたちの演技と歌などで構成されています。

　やがて、幼稚園の子どもたちがふだん登園する服装に着替えて再入場し、子どもたちはひな壇になっている正面舞台に陣取ります。やはり本日の主人公は卒園する子どもたちです。第二部は、ダンス、歌、リズム運動と続きます。リズム運動は、柔軟体操、縄跳び、まりつきなどが続きますが、5歳児たちはダイナミックにこなします。センターの周りだけでなく、村全体が阿武隈高原に位置していますので、子どもたちの散歩コースは起伏にとんでいます。日ごろから身体を十分に動かしている子どもたちですから、5歳児にもなるとしなやかさだけでなく力強さも感じられます。

　青砥先生の話では、子どもたちの身体の動きは、センターに通う期間の長い子ほどしなやかでダイナミックな動きができているとのことです。

　式典の最後は、卒園する子どもたちによる『さよなら　ぼくたちのようちえん』の歌と保護者のみなさんと先生たちによる『おもいでのアルバム』の合唱ですが、かなりのお母さんたちが涙ぐんで歌っています。

　式典がすべて終わり、体育館から出てきたお母さんたち数人に感想を聞くことができました。

　橋本侑香さんのお母さんは、「さめがわこどもセンターの魅力ですか？　いいところは、まず、先生が子どもたちをすごくしっかり見てくれるところです。ほんらいならば、親がしっかり見るべきなのでしょうが、仕事の関係などでそうもいかないところがあります。（センターは）安心して任せられます。先生が、ちょっとしたことでも『こんなことがあってね』と、ていねいに話してくれます。そんなところがよかったかなと思います。親としてどうあるべきかということも導いていただいた思いです」と、語ってくれました。

　小松世亨くんのお母さんは、「（卒園式で子どもたちが跳んだ）縄跳びも自分たちで縄を編んで作ったんですよ。給食もすばらしい。鮫川はほとんど自分の家でお米を作っているので、家からご飯を持っていって、毎日、ご飯が食べられるというのもいいですね」とのことでした。

　フィリピンから鮫川村に嫁いで来た矢吹瑞樹さんのお母さんは、「フィリピンから来て7年目になります。生活習慣も違うため（日本での生活は）たいへんです。センターの先生にはいつも助けられています。いつもそう。センターの人は、みんないい人ばかりだし、やさしい人ばかりです」と明るく答えてくれました。

今、さめがわこどもセンターが全国的に注目されています。
　注目される理由の第1点目は、認定こども園制度の創設など幼保一元化の取り組みがすすむなか、さめがわこどもセンターが、保育園と幼稚園が同一敷地内の同じ建物のなかで一体的な運営をしているということで、幼保一元化のモデルとなっているからです。
　第2点目としては、さめがわの幼保一体の取り組みは、保育の質を落とさないばかりか、保育園と幼稚園の良さを引き出し、二つの施設が一つになることによって、施設・設備面、職員数、そして保育園と幼稚園が連携した質の高い保育実践によりプラスアルファの魅力を引き出しているからです。
　第3点目として、地方財政の圧迫により、今、全国の多くの地方自治体において公立保育所の民営化問題や統廃合問題をかかえていますが、人口4千人ほどの鮫川村という財政力の弱い過疎の村にあって、行政からの指示ではなく、保育の現場を守る保育者集団から検討を始め、その保育者集団が保護者や住民の声をしっかりと汲み取り、行政の協力を得ることによって新しいタイプの保育施設を作り上げているからです。
　こどもセンターに子どもを預けているあるお母さんは、「私は今までどおりの鮫川の保育でよいと思います。他の地域のお母さん方の話の中に『いいね、さめがわは』という声もあります」という感想を述べていますが、ここまで保護者から信頼されている保育者集団と保育実践、他の町村からわざわざ過疎の鮫川村のこどもセンターに子どもを預けに来る保護者がいるという事実。私たちは、鮫川村の実践から何を学ばなければならないのでしょうか。
　本書は、財政力の弱い過疎の村で、二つの村立保育所と一つの村立幼稚園を維持することが極めて厳しいという状況の下、青砥ハツ子現所長を中心とした保育所、幼稚園の先生たちが、施設の垣根を越えて村に共通の保育方針を作ろうというところから動き始め、保護者の思いも受け止めた幼保一体化の保育施設づくりの経過と開設後2年間の実践をまとめたものです。
　現在、センターには全国の自治体や保育所、幼稚園関係者が視察に訪れていますが、短時間の視察で建物やシステムだけを学ぶのではなく、保育者集団の子どもたちや村に対する熱い思いやチームワークのよさ、研修に対する熱心さなどについて学ばなければ、こどもセンターの値打ちは生きてきません。この記録でこどもセンターの実践をどこまで伝えることができるかわかりませんが、保育者集団の熱い思いだけでも伝われば幸いです。

野津　牧

Message さめがわこどもセンターへの思い

鮫川村村長　大樂　勝弘

　数年前から少子高齢化の問題が大きな社会問題になっています。とくに少子化の現象は、経済の維持やさまざまな社会保障制度の維持を危うくしています。国もやっと少子化対策に本腰を入れ、また、各自治体もさまざまな施策を展開しています。

　鮫川村は、2003年（平成15年）7月、近隣の棚倉町、塙町との合併の是非を問う住民投票で7割の住民が反対票を投じました。塙町は反対票が54％、棚倉町は賛成票が65％となり、2つの町村の反対票が多かったため法定合併協議会は解散し、この結果を受け辞職した前村長に代わり、当時村議会議長であった私が無競争で村長に就任しました。

　私は、出馬にあたって4つの公約を掲げました。

　一つは、困難な財政状況を打破するための「行財政改革のきめ細やかな見直し」と「新たな振興計画の策定」

　二つ目は、「次世代を担うこどもたちの教育の振興」と「廃校となった施設の活用」

　三つ目は、「産業の振興、とりわけ農業の多機能的産業の振興」

　四つ目は、「清潔で公平・公正な住民本位の村づくり」であります。

　村長に就任した年末に、国は次年度の地方交付税交付金の大幅な減額を発表しました。このことは、わずかな基金しかない本村にとって村の存立を危うくするほどの大事件でした。村長に就任早々庁内に行政改革推進本部を設置して、使用料・手数料等事務事業全般にわたる細部の点検見直しを行い、職員からも手当ての削減・廃止等積極的な提案・協力もありましたので、何とか予算編成することができました。国基準よりそうとう低い保育料については、手をつけないですみました。これは、子育てしやすい環境を守り、人口減少を抑制するために一人でも多くの子どもを生んでもらいたいという思いからの措置でありました。

　しかし、村が存立していくためにはそうとう思い切った行財政改革が不可欠です。2004年度（平成16年度）の鮫川村の7つの特別会計を含めた全会計の予算額41億円に対して、2003年度（平成15年度）末の村債残高は52億8千万円（利子含む）でした。2004年度（平成16年度）の一般会計予算26億3千8百万円、2億5千万円の村税に対して、人件費が7億4千万円（非常勤特別報酬も含む）、公債費が5億円です（地方交付税交付金が12億8千

3百万円)。これだけで財政の厳しさを理解していただけるものと思います。

　1968年（昭和43年）に建設された鮫川保育所は老朽化し、また、ゼロ歳児保育という現代の保育ニーズに対応できず建て替えを迫られていました。渡瀬保育所は定員を大きく下回っていました。2歳くらいまでは家庭で母親なりばあちゃんが手塩にかけて育てるのが最善だというのが私の考えです。しかし、現代は家庭でみたくてもみられない家庭があるのです。この要望にも応えなくてはなりません。

　しかし、未曾有の財政危機です。一方では2003年（平成15年）に統合された小学校舎の有効利用が課題になっていました。廃校となった小学校は地区の中心地にあり、学校がなくなるということはその地区がさびれることになります。築9年の校舎をもつ赤坂西野地区からは、早くから保育所誘致の積極的な働きかけがありました。しかし、それまでは、国の縦割り行政の中で文部科学省所管の学校を厚生労働省所管の保育園にすることなどできない相談でした。それが、小泉内閣がすすめる各省庁がもっている許認可権を緩和して自治体が地域の特性を生かした事業をできるようにするための「構造改革特区」、あるいは、地域経済の活性化と雇用の創造を目的に地域が自ら考え行動することに国が支援する「地域再生計画」の恩恵で、補助金を返還することもなく、また、村債を繰上げ償還することもなくできるというのです。さっそく、庁内にプロジェクトチームを立ち上げ、二つの保育園を統合し、同じ建物内に幼稚園もいっしょにでき、これに子育て支援センターも設置することができたのです。保育園のゼロ歳児保育、延長保育も実現できました。幼稚園の預かり保育もできました。

　センターは村の中心部から離れていますが送迎バスも運行されていて、また施設は日当たりも良く、周辺環境も良いため保護者の方々からは好評を得ています。子どもたちの将来のために、そして少子化に歯止めをかけるためにも、こどもセンターを拠点にしてさらなる子育て支援施策を推進していきたいと考えています。

Contents もくじ

はじめに（野津　牧）　2
さめがわこどもセンターへの思い（鮫川村村長　大樂　勝弘）　5

第Ⅰ章　認定こども園とさめがわこどもセンター …………………………11

 ❶　認定こども園とは……　12
 ❷　政策決定の主体者は誰か？　12
 ❸　保育内容に誰が責任を持つのか？　14
 ❹　幼保一体化により保育の質は高まるか？　14
 ❺　職員配置基準を守ることができるか？　16
 ❻　施設の最低基準を守ることができるか？　16
 ❼　短時間保育と長時間保育の円滑な流れがつくれるか？　17
 ❽　子育て支援センターだけでない子育て支援　18
 ❾　認定こども園とさめがわこどもセンターの違い　18
 ❿　過疎の村で先進的な取り組みがなぜできたのか　19

第Ⅱ章　さめがわこどもセンターの誕生 ………………………………………21

１．過疎の村の選択　22

 ❶　農林業の村　22
 ❷　減り続ける村民　23
 ❸　村の財政と合併問題　24

２．こどもセンター設立に向けて　26

 ❶　村の保育政策の移り変わり　26
 ❷　保護者のニーズの変化　26
 ❸　保護者の思いを汲み取る　27

❹ 現場から出発した改革の動き－幼児教育検討委員会の発足－ 29

　＊幼児教育検討委員会の検討案＜資料＞

❺ 保護者側から出された要望 34

❻ 地区からの要望 36

❼ 村の行政改革の中で 37

❽ 幼児教育専門委員会 37

❾ 行政改革の本部会議 39

❿ 一体化に向けての取り組み 40

　＊地域再生計画申請にむけて

　＊旧西野小利用に伴う保育所・幼稚園の運営会議

　＊先進地視察

⓫ 幼保一体的内容の説明会の開催 41

　＊幼稚園・保育所の一体的運営の考え方＜資料＞

　＊保護者への説明会

　＊住民への説明会

　＊旧西野小学校の見学会

　＊保育所の子どもたちと確かめる

⓬ 「地域再生計画」の国への提出 46

⓭ 改築工事の着工 47

第Ⅲ章　"幼保一元"の保育づくり …………49

1．さめがわこどもセンターの保育プランづくり 50

❶ 改修するにあたりたいせつにしたこと 50

❷ 保育カリキュラムづくりの考え方 52

2．こどもセンターの運営 53

❶ こどもセンターの概要 53

❷ こどもセンターの方針 59

❸ こどもセンターの運営 68

❹ 保護者会活動 69

- ❺ 送迎 70
- ❼ 給食 70
- ❽ 子育て支援 74

3．一体化により何が変化したか 74

4．センターの今後の課題 76

5．保護者の声 76

6．スタッフの声 81

  おわりに─さめがわから何を学ぶのか─ 97

装幀・山田道弘　装画・おのでらえいこ

第Ⅰ章

認定こども園と
さめがわこどもセンター

❶ 認定こども園とは……

2006年6月9日、「就学前の子どもに関する教育、保育等の総合的な提供の推進に関する法律」（法律第77号）が成立したことにより、同年10月1日より認定こども園がスタートしました。

認定こども園は、第1に、就学前の子どもに幼児教育と保育を合わせて提供し、保護者が働いている、いないにかかわらず子どもを受け入れて、教育・保育を一体的におこなうとしています。

第2に、地域の子育て支援をおこなう機能を持ち、すべての子育て家庭を対象に子育て不安に対応した相談活動、親子の集いなどの場の提供等、をおこなうとしています。

以上の機能を備える施設を認定こども園として都道府県が認定する制度ですが、地域の実情に応じて4つのタイプが認められています。4つのタイプは、「幼保連携型」「幼稚園型」「保育所型」「地方裁量型」です。

このうちの「幼保連携型」は、認可幼稚園と認可保育所が連携して一体的な運営をおこなうタイプです。さめがわこどもセンターは、従来からあった教育施設である公立幼稚園と保育施設である公立保育所が同一施設で一体的な運営をおこなう施設であり、子育て支援の機能も持っています。従って、基本的には幼保連携型の認定こども園と同じようにみえますが、村としては認定こども園の申請はおこなっていませんし、どこかまったく違うもののようです。

では何が違うのでしょうか？　まずこの章では、認定こども園とさめがわこどもセンターの相違点やチェックポイントについて見ていきながら、さめがわの教訓を生かした今後の幼保一元化の方向性について考えていきたいと思います。

❷ 政策決定の主体者は誰か？

鮫川村は、2003年の住民投票で町村合併の道を選ばず、鮫川村単独で存続するという道を選択しました。しかし、国が市町村合併を推進するなかで、過疎の村が単独で生き残る道を選択することは、村としては住民サービスなどで厳しい選択をしなければならないという状況を招きました。その一つが、保育所、幼稚園、学校の統廃合でした。

鮫川村で、保育所、幼稚園の統廃合問題に最初に動き始めたのは、保育者集団です。

2002年1月、幼稚園と2保育所の保育者の代表が自主的な検討会に当たる「幼児教育検討委員会」を立ち上げ、村の保育のあり方の検討を開始しています。

しかし、第Ⅱ章で詳しく述べますが、現場の保育者集団は、たんなる財政負担の軽減という面から統廃合問題を提起したのではありません。「幼児教育検討委員会」として最初に確認したのが、村の乳幼児期の子どもたちに対して保育所、幼稚園の垣根を越えて統一した保育方針を持つということです。そのために子どもたちの育ちについての保育所、幼稚園における課題の確認から話し合いを始めています。同時に、保育に関する保護者のニーズを分析したうえで、限られた財源のもとで保育所と幼稚園のよさを最大限に発揮するためにも、幼稚園と保育所の統合が必要だということを提案しています。

　保育所と幼稚園が廃校を利用して同一施設で一体的な運営をおこなうという現在のさめがわこどもセンターの基本方針は、保育者集団の自主的な検討会が打ち出した方針がベースになって作り上げられたものなのです。

　また、保育者集団を含む村としても、保護者や住民の声を反映させる努力を粘り強く続けました。

　具体的には、保護者や地域住民を対象とした懇談や説明会だけでなく、保育参観を利用して移築予定の旧小学校の見学会も開いています。見学会は保護者を対象としたものだけでなく、子育てには祖父母も参加しているということで、祖父母を対象とした見学会も実施しています。また、実際に利用する子どもたちが新施設を使いやすいかどうか、安全であるかどうかを確認するために、保育所の子どもたちも改修工事が始まる前に施設を訪れ、階段の段差や洗面台の高さなどを確認しています。

　このように政策決定の主体者は、保護者と村民、そして保育者集団であることを基本として、センター構想がすすめられているのです。

　議会や行政からの押し付けの統廃合でなく、祖父母も含めた保護者の思い、住民の声、保育者の思いから出発したセンター構想だからこそ、村民に受け入れられているのでしょう。公立保育所の統廃合や民間委託化については、充分な時間をかけているかについても問われます。現在、多くの地方自治体で進められている公立保育所の民営化問題などでは、保護者や住民の声を充分に聞かないままにすすめられることも少なくないのですが、鮫川村では、センター構想に向けて4年間の検討期間を確保しました。さらに保育所と幼稚園を一体的に運営する下準備はずっと以前から始まっていました。そうした取り組みの中で、保育者集団の中に、村の保育はみんなで守っていくという気運もつくられ、保育所、幼稚園の違いを超えて、村の乳幼児期の子どもたちに対する統一した保育方針を作りたいという思いにもたどり着いたのです。

　認定こども園などの政策決定に当たっては、保護者や住民の合意形成を図るための期間、そして保育所と幼稚園の保育内容をすり合わせるための充分な期間、保育士と幼稚園教諭がチームを組むに当たっての意思疎通が充分に図れるようになるまでの時間を確保しているの

かということも問われてきます。政策決定の主体者は誰か、保育施設を利用するのは誰かということを、鮫川村の実践から学んでいく必要があるのではないでしょうか。

❸ 保育内容に誰が責任を持つのか？

　保育内容の検討は、誰が責任を持つべきでしょうか。子どもたちや保護者のことを一番知っているのは保育者集団です。保育カリキュラムを保育者自身が決めることは他の保育所でもおこなわれていますが、鮫川村では、幼稚園と保育所が一体化する前から、村の保育方針を統一させようと現場の保育者が話し合いを重ね、幼保一体化の基本方針を作り上げました。また、保育内容に大きな影響を与える施設の整備などについても保育者が責任を持って立案しました。

　廃校になった小学校を転用するということで、体育館の舞台も幼児期の子どもたちが使うには危険を伴う高さでしたが、フロアーから舞台まで緩やかな階段状にすることで解決しています。鮫川村では、このように設計についても細かなところまで保育者集団の要望をまとめ、その意見を設計士が図面にするという進め方をしました。

　認定こども園の開設に伴って、保育内容にかかわる設備などについても、行政や施設経営者の思いだけですすめているところがありますが、保育内容にかかわる点については、保育者集団が企画づくりから参加することが重要です。保育政策の決定は保護者の意向を尊重し、保育内容については保育者が作りあげる関係が確立されていれば、保育の質を上げることは可能です。

❹ 幼保一体化により保育の質は高まるか？

　認定こども園だけでなく、保育所の場合も、基本となるのは保育の質をどのように確保し、高めていくかということです。

　保育の質を比較することは、たいへん難しいのですが、数値などで表しやすい指標である子どもと職員の比率、職員の経験年数、研修の充実度などを中心にみてみます。

　さめがわこどもセンターの職員数と国基準の職員配置を比較すると、こどもセンターはセンター長、副園長、教頭、子育て支援担当を除く現場保育士、幼稚園教諭数は計13人、一方、国基準では10人（ゼロ歳児3人に保育士1人、3歳未満児6人に同1人、3歳児20人に同1人、4歳児以上は30人に同1人）となります。また、このほかこどもセンターでは、給食業務も外注委託ではなく3名の調理員を確保していることも評価できる点です。

　子どもたちへのかかわりや保護者に対する支援では、保育士、幼稚園教諭の経験年数もた

いへん重要となってきます。さめがわこどもセンターの保育士・幼稚園教諭の平均年齢は、正規職員で51歳、嘱託・臨時職員を含めても45歳です。

青砥所長は、1,128世帯ある村内のほとんどの家庭を知っています。青砥所長の車に同乗させてもらうと、すれ違う人すべてと会釈を交わしているという状況になります。さめがわこどもセンターには、青砥所長と同じようなベテランの保育者が何人もいます。

経験豊かな職員集団ということで、質の高い保育を展開していますが、課題としては、厳しい財政状況のもと、新規保育士の採用は非常勤採用となっているので、今後、新旧職員の切り替えがうまくいくかどうかです。

経験年数だけでなく、さめがわこどもセンターの職員は、研修などにも積極的に参加しています。2006年度単年度だけでも、公費研修に保育園27名（以下、延べ人数）、幼稚園7名、自費研修に27名、計61名の保育士・幼稚園教諭が園外の研修に参加していますし、今までに全国レベル、地方レベルを含む各種研修会では、多くの保育者が実践報告等をおこなっています。学ぶ気風のなかでこそ、確かなチームワークも築けます。経験年数が長いだけでなく学ぶ保育者集団を確保することはたいへん重要です。

保育の質は、経験年数が大きく影響しますので、幼保一元化した場合でもさめがわのように学ぶ姿勢を持ち続けるベテランの保育者集団を確保できるかどうかが鍵となります。

認定こども園問題や公立保育所の民営化問題では、保護者のみなさんから、「この保育者たちであれば安心して子どもを預けられる」という信頼感を得ることができる保育者集団を確保することを前提としなければなりません。安上がりを前提とした統廃合や民間委託という選択肢では、経験ある保育者を確保することができず、保育の質は下がることがあっても上がることはありません。

また、保育所と幼稚園を一体化する場合は、保育士と幼稚園教諭の連携が重要です。鮫川村では、一体化する前から夏休みの期間に幼稚園教諭が保育所を手伝うなど、幼稚園と保育所の連携が図られていましたし、両施設間の職員の異動もおこなわれており、多くの保育者が保育所と幼稚園両方の勤務を経験していました。お互いの施設のことを理解できているという前提のうえに、一体化の方針が出されています。センター構想を打ち出したときも、保育士と幼稚園教諭が同じ立場で検討に加わっています。

さめがわこどもセンターは、幼稚園と保育所の保育方針も一本化していますが、職員室もいっしょにしてつねに職員が顔を合わせています。もちろん職員会議やセンター内の研修会もいっしょにおこなわれています。

認定こども園では、幼稚園の園舎と保育所の園舎が別れていても認可されますが、これでほんとうに保育所と幼稚園のきちんとした連携が取れるかどうかは疑問です。

❺　職員配置基準を守ることができるか？

　前項でもふれましたが、さめがわこどもセンターの職員配置は、クラスを持たないフリーの職員が４名含まれているなど、国の基準と比較するとかなり充実しています。また、保育士、幼稚園教諭有資格者17名中、15名が両資格者ですし、両施設の勤務経験がある職員も13名います。現在の幼稚園担当職員３名も保育園の勤務経験があります。
　職員の資格問題では、認定こども園は保育士、幼稚園教諭の両資格の取得が望ましいとしながらも、実際はどちらか一つの資格でもよいとする道を残しています。
　職員の身分については、認定こども園も含めて現在の最低基準では、正規雇用かどうかは問われていません。さめがわこどもセンターでも、嘱託職員１名、臨時職員４名の職員が保育に当たっていますが、正規採用化を現場が求めても実現できない地方自治体の厳しい現実があります。
　株式会社が経営している認可保育所では施設長を含む全職員が契約社員という施設もありますが、職員の身分を保障しないで保育の質を上げることは不可能です。間違っても、全員、または多くの保育者が短期雇用を前提とした契約制などの雇用形態では許してならないことです。
　また、資格や身分問題とあわせて、幼稚園も保育所も保育というキーワードは一致していても、実際には別々の道を歩んできたわけですから、最低限、認定こども園に移行する前に幼稚園教諭は保育所勤務の経験を、保育士は幼稚園勤務の経験を積むなどしたうえで時間をかけて準備をしてもらいたいものです。

❻　施設の最低基準を守ることができるか？

　認定こども園は、施設・設備面において、保育所、幼稚園いずれか低いほうの基準を満たしていればよいとなっています。実際に、保育所と幼稚園が離れた場所にあっても認可されますし、運動場も近くの公園などが利用できれば必ずしも確保しなくても認可されます。
　児童福祉施設最低基準は、あくまでも最低基準です。現状の最低基準のままでは、決して子どもたちの遊びと生活の空間としては充分でないことは、保育所勤務を経験した保育者であれば当然のように感じていることです。この児童福祉施設最低基準をさらに引き下げるようでは子どもの豊かな人格形成にも影響が出かねません。
　さめがわこどもセンターについては、一体化に伴う廃校になった小学校への移転により、従来の児童福祉施設最低基準をはるかに上回る施設と設備、そして敷地を確保しています。

また、給食については、認定こども園では民間委託、外部委託なども認められますし、3歳児以上はお弁当でもよいとなっていますが、給食は、まず安全であることが第一の条件となります。民間業者に外部委託することで食の安全が守られるかどうかは不透明です。

　さめがわこどもセンターでも、当初は学校給食センターの給食を導入する案も出ていましたが、学童期の子どもを対象とした学校給食では、乳児の離乳食への対応や幼児期の子どもに対する独自の配慮がむずかしい（たとえば幼児期の子どもにとっては、おやつの果たす役割も小さくないのですが、給食センター方式ではきめ細かな対応ができない）、ということで、幼稚園児も含めたすべての子どもの給食をこどもセンターで提供することにしました。この結果、さめがわこどもセンターでは、施設内の調理室でセンターの調理員が村内産の食材を使い、きめ細かく対応していますので、偏食自体が見られません。取材のため、何度か試食させていただきましたが、野菜中心のメニューですし、野菜の量もとてもたくさん入っているのですが、新鮮な野菜の甘さが出ていてほんとうにおいしいのです。残菜を入れるバケツをいつ確認しても、150名の食事にもかかわらず、お茶碗一杯の残菜も出ていないのです。認定こども園や保育施設の統廃合問題では、給食問題や園庭の確保、その他保育スペースなどの施設について、安易に低い水準に合わせることがないようにしなければなりません。

❼　短時間保育と長時間保育の円滑な流れがつくれるか？

　認定こども園のカリキュラム上の課題は、幼保一元化に伴い、一つは3歳未満児と3歳児以降の保育内容にスムーズな流れを確保することができるのかという問題と、もう一つ、3歳以上の子どもでは4時間保育と8時間保育の子どもがともに生活しますので4時間保育からの切り替えをスムーズにおこなうことができるのかという点です。

　実際に、幼稚園型の認定こども園では、幼稚園として3歳未満児の保育の経験がないわけですし、保育所型では8時間保育を基本としていましたので、4時間で区切る保育は経験してきませんでした。また、基本的には幼児期の子どもたちを対象としていますが、保育所では幼児教育という視点では保育をおこなってきていませんのでとまどいがあります。

　さめがわこどもセンターでは、これらの問題をどのように対処しているのでしょうか。

　まず、さめがわこどもセンターは、幼稚園と保育園が一つの施設内で運営されています。そして4歳児まではすべて保育園で受け入れることになっていますので、3歳未満児から3歳以上の子どもへの流れは問題ありませんでした。5歳児も全員幼稚園で受け入れるということで、同じ年齢の5歳児同士の間で保育園と幼稚園の保育内容の違いという問題は発生しませんでした。教室のスペースは、保育園との間に間仕切りをつけるということで、生活空間を区切り、幼稚園児独自の保育をすすめています。

残る課題は、短時間保育と長時間保育の問題ですが、センターに移行する前から幼稚園の保育時間は午前8時～午後3時過ぎまで実施していましたので、その前後を預かり保育にすると、核となる7時間ほどの時間帯は全員同じですので、保育内容に格差ができるという問題は生じていません。

　早朝と昼食、午後3時30分以降、そして各種行事などは保育園を含めた縦割り保育のため、幼稚園の子どもが小さな保育園の子どもと遊ぶ、世話をするという姿が自然に見られ、保育園と幼稚園の交流もスムーズにおこなわれています。

⑧　子育て支援センターだけでない子育て支援

　認定こども園の柱の一つが子育て支援です。核家族化がすすむ中で、地域における子育て支援の柱として子育て支援センターの役割が期待されています。認定こども園制度における子育て支援の柱も子育て支援センターが担いますが、ひと部屋確保し、経験の浅い保育者を配置しただけでは、子育て支援の役割は果たせません。

　認定こども園（もちろん一般の保育所や幼稚園も同じですが）など、施設に通う子どもの保護者の日常的な支援はやはり担当保育士・幼稚園教諭が担い、複雑なケースや施設に子どもを預けていない地域の保護者の方の相談は支援センターが担うという役割分担ができなければ支援はすすみません。

　まずは、お母さんたちのちょっとした表情の変化や顔色を見て、さりげなく声をかけることができる保育者がいてこそ、子育て支援が実効あるものになるのではないでしょうか。

　さめがわこどもセンターの保育者は、超ベテランの保育者集団です。子育て支援の第一線を担える保育者がいるからこそ、「子育てに不安がない」という保護者が圧倒的に多いアンケート結果（76ページ参照）が出ているのではないでしょうか。

　鮫川村は、他の市町村と比較するとまだ地域の中で近隣との関係が保てているため、子ども虐待など深刻な問題が発生しにくい環境にありますが、外国籍のお母さんたちへの子育て支援対策など、課題も残されています。

⑨　認定こども園とさめがわこどもセンターの違い

　以上、認定こども園とさめがわこどもセンターについて紹介しました。こどもセンターの運営方式は認定こども園の幼保連携型そのものといえる内容ですが、今各地で認可され始めている認定こども園とは大きく違う点があります。

　認定こども園は、保育と教育の一体、子育て支援をおこなうとしていますが、双方の低い

基準で認可することが可能であるため、形だけの幼保一元化をしても保育の質は低下する可能性があります。両施設の移動に車を利用しなければ通えないところもありますが、短時間保育から長時間保育に切り替えるときに保育が切れ切れになる可能性がありますし、保育者のチームワークを築くのも容易ではありません。また、同一施設にまとめた場合でも、共通した保育観がなければ一元化のマイナス部分が出てしまいます。

一方、さめがわこどもセンターは、現場の保育者が自らの村の保育は自分たちが責任を持って築き上げていくという強い思いから出発しました。過疎の村という限られた財源や少子化という困難な状況のもとで、センターの企画づくりについても、保育者集団が保護者や地域住民の声を聞くところから出発しています。そして何よりも日々の保育実践についても工夫と努力を重ねてきました。

行政改革のためだけの幼保一元化でないからこそ、村の宝としての保育施設の位置を築いていけたのです。

⑩　過疎の村で先進的な取り組みがなぜできたのか

全国的に注目されているさめがわこどもセンターの実践は、どのように作り上げられたのでしょうか。幼保一体化へ向けた取り組みは、次章以降で詳しく紹介されていますが、現場の保育者が村の保育は自分たちで築き上げるという自負と公務労働者として子どもたちや保護者の声に真摯に応えるという姿勢のなかから生まれてきました。

その原動力となったのは、30年近く村の保育を牽引してきた現センター長の青砥ハツ子先生です。保育経費削減の話は、財政力の弱い村ですから当然のように出てきますが、保育の後退につながることには粘り強く行政を説得してきました。また、保育の充実につながるのであれば、村職員としての諸手当の削減についても協力をしてきました。

強力なリーダーの存在だけでなく、保育者集団の役割も大事です。次章では幼稚園の先生が夏休みに保育所を手伝うという話が紹介されていますが、この提案をしたのは、幼稚園教頭の菊地先生でした。子どもたちや保護者にできることはすべてやろうという思いで保育者がまとまったからこそ、鮫川村の保育の質は上がっていったのです。リーダーの存在も必要ですが、歩調をともにする保育者集団が育たなければ保育の質は上がりません。

そして村も保育者集団を支えてきました。センターづくりの過程では、国に対して補助金の申請などが必要でしたが、現場の保育者のみなさんにとって補助金申請などについての実務の蓄積がありませんでした。保育者や保護者から出たプランについて、「この事業にはこの補助金が使える」と、村役場の職員が申請書類の作成から国との交渉などで奮闘しています。さめがわこどもセンターは、名前だけでなく、村のセンターとしての役割を担っている

からこそ、村全体で支えられているのでしょう。

(野津　牧)

第Ⅱ章

さめがわこどもセンターの誕生

1 過疎の村の選択

❶ 農林業の村

　私たちの住む鮫川村は福島県の最南端に位置しています。いわき市や北茨城市とも隣接しており、阿武隈高原の一番南に位置する場所にあります。阿武隈高原南部の頂上部にあるため、村の大部分は標高350〜700mの場所にあります。

　地形は丘陵高原型で起伏が多く、村の面積の約76％は森林です。耕地は山麓の斜面と山あいにあり、水田は階段状、畑は傾斜地が多く、丘陵部の緩傾斜地は多くが牧草地として利用されており、農耕地向けの地形としては恵まれていません。山脈丘陵が連なる地形の中には、緑の草原が広がり、清らかな水が流れ、渓谷や滝などが季節によってさまざまな表情を見せてくれます。

　気候は、おおむね表日本型で年平均気温は10℃、年間降水量は1,200〜1,500mmくらいです。冬季の気温は氷点下15℃くらいまで下がります。積雪量は比較的少なく、根雪は局部的ですが、まれに降雪が40〜70cmを超えることがあり、造林地に倒木などの大きな被害を受けることがあります。

　標高が高いため、年によっては産業への気象的影響が大きく、農作物は5月頃の晩霜、夏季の異常低温、早冷など気象災害を受けやすく、とくに水稲は周期的に冷害があります。台風などによる被害は少ないのですが強風による農作物への被害、集中豪雨による道路や農地の局部的な決壊、水田への浸水などがあります。

　村のおもな産業は農林業です。水稲を中心として肉用牛の繁殖、酪農、養豚などの畜産のほか、トマト・いんげん・葉タバコ・しいたけなどの農作物づくりが取り入れられています。兼業農家を含む総世帯数に占める農業世帯の割合は64.7％、これまた農業との兼業を含む林業世帯は56.6％にも達しています。

　村には、郷土食・伝統食などの「食文化」が引き継がれ、里山の豊かな自然環境が保全されています。村として、これらの資源を生かして「農産物の加工」や「グリーンツーリ

ズム・体験型環境学習」の推進など、財政難の中にも生き残るためのさまざまな施策に取り組んでいます。事業推進にあたっては、若い定住者が安心して働くことのできる環境を整備することが課題となっています。

　私たちの祖先が鮫川の地に住み着いた歴史は古く、村内の遺跡から縄文時代前期の埋蔵物が発見されています。

　1889年（明治22年）町村制が施行され、これまでの赤坂西野村、西山村、赤坂中野村、赤坂東野村、石井草村、富田村、渡瀬村の旧7ヵ村が合併し、鮫川村が誕生しました。

　町村制による自治行政が行われ、旧村を1行政区としましたが、赤坂東野、石井草をもって1行政区としたため6行政区となり、区長が置かれました。1947年（昭和22年）4月地方自治法が公布され、1949年（昭和24年）8月渡瀬区から青生野区を独立させ、7行政区として今日に至ります。

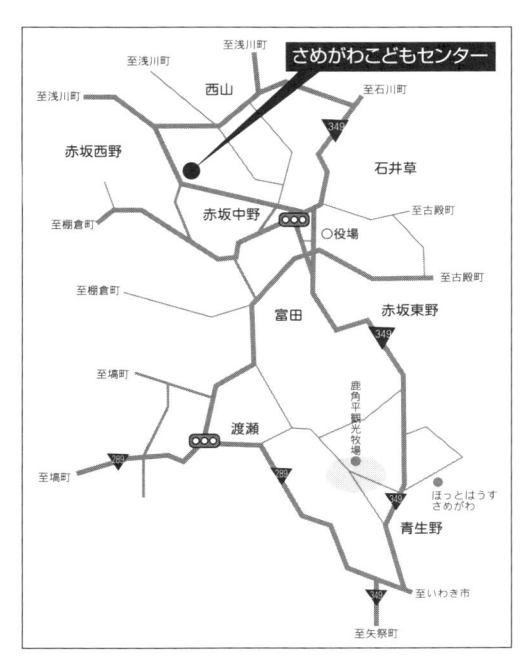

　1953年（昭和28年）の町村合併促進法の施行時には、当村の地理的条件が合併になじまず、当時の人口も8,200人を超え、合併基準を超えていたなどの理由により他町村等との合併は行われませんでした。後述しますが、平成の大合併のときも、鮫川村は住民投票により合併しない道を選択しました。

❷　減り続ける村民

　恵まれた自然の中で暮らす人々は、素朴で人情味豊かです。

　村の人口の変化を国勢調査でみると、人口のピークは1955年（昭和30年）の8,256人で、昭和30年代、40年代には急激に減少していきました。

　その後の人口推移は、1980年（昭和55年）に5,537人、1990年（平成2年）には、5,219人、2000年（平成12年）には4,812人となっています。最近、減少率は低下していますが、なお減少傾向にあります。

　これに対し、世帯数は1980年（昭和55年）に1,127世帯、1990年（平成2年）に1,112世帯、2000年（平成12年）には1,101世帯、2007年（平成19年）に1,128世帯と推移しています。人口は減少し世帯数はほぼ横ばいということですから、過疎の村の世帯人員も確実に減少して

います。

　総人口の内15歳未満人口が617人、14.3％程度（全国平均16.7％、総務省統計局「国勢調査」平成17年10月１日現在）なのに対して、65歳以上の高齢者人口は1,285人、29.7％と典型的な高齢者の多い村です。

人口	4,379人
男	2,173人
女	2,206人
世帯	1,128戸

　　　註１）　2007年（平成19年）３月１日現在　住民基本台帳による。

❸　村の財政と合併問題

　自然には恵まれている鮫川村ですが、財政面では厳しい状況が続いています。村財政の大きな割合を占める地方交付税が大幅に減少し、これまでに源流域の役割として、村のきれいな水を下流域に送るための汚水処理用の合併浄化槽の設置費補助金も減額せざるを得ない状況となりました。
　このほかの助成金や人件費、お祝い金等の削減、使用料や手数料等の値上げなど、村民負担が増加するという状況になっています。
　そんな厳しい財政状況ですが、少ない財源を有効に配分し、教育環境・住宅環境の充実や保育料の低減化を図るなど子育て環境の整備にも力を入れ、若い世代の生活環境の改善にも取り組んでいます。
　2007年度（平成19年度）の村の一般会計の総額は25億8700万円です。このうち村の自主財源は５億円ほどで、福島県内では地方交付税に依存する割合が上から４番目に高い自治体です。その中でこどもセンターにかかる費用は約１億７千万（人件費含む）です。

　景気の低迷が長期化する中、財源のほとんどを国に依存しなければならないという財政難と、人口が４千人余りということもあり、国の進める町村合併方針に伴い、2002年（平成14年）、福島県内では最初に東白川郡内３町村で合併法定協議会を立ち上げて協議が進められていました。しかし、村民からは、「合併が前提の住民向けの説明会で納得がいかない」「合併すると全部中心部に持っていかれ、鮫川がさびれてしまう」などの声が出され、「村民の会」ができ、合併を「白紙」に戻し、住民本位の村づくりをめざすべきだとして、住民運動に発展していました。

そして鮫川村と近隣の棚倉町、塙町では2003年（平成15年）7月13日、3町村での合併の是非を問う住民投票がそれぞれ実施されました。鮫川村では「反対」2,046票、「賛成」850票（投票率81.8％）と、村民の約71％が合併反対の意思表示をしました。塙町も合併反対の意思表示をしたため、福島県内でももっとも合併協議が進んでいたにもかかわらず、合併法定協議会は解散することになりました。

手・まめ・館

　住民投票の結果を受け、芳賀鮫川村長は辞職願を提出し、大樂勝弘村議会議長が、無投票で新村長に選出されました。

　新村長が誕生してから、高齢者の知識を生かし、生きがいを求めることにより、健康で元気な老人を増加させて老人医療費や介護給付費の減少を図ること、地理的、気候的に不利な条件を逆に活かし、源流のきれいな水や澄んだ空気を売り物に「豆で達者な村づくり」を合言葉に低農薬や減農薬にこだわった安心安全な農産物づくりをすすめてきています。

手・まめ・館

　手・まめ・館は、幼稚園がさめがわこどもセンターに移転したことに伴い、幼稚園の元の園舎を活用した村の施設です。館内には、村内産の農産物の販売所、食堂、そして大豆の加工工場が入っています。

　農産物では、新鮮な野菜や肉をはじめ、えごま油、みそ、豆腐などを販売しています。豆腐は、福島特産の「ふくいぶき」という大豆を、村の高齢者の方が栽培し、収穫された大豆はすべて鮫川村が買い取り、館内にある豆腐工房で製品化されたものです。口に入れると、豆の香りがしますので、最初の一口は醤油をかけないで食べるとよりおいしく食べられます。

　豆腐や村内産の野菜を使った料理は、手・まめ・館内にある食堂で食べることができます。日替わり定食が500円などお値打ちです。私が訪問した日は、日替わり定食のメニューは肉じゃが定食でした。薄味ですが野菜の甘みがあるため、しっかりとした味に仕上がっていました。安心・安全ということもあって、何度も食べたくなります。

　また、村内産の野菜や加工品は宅配便でも取り寄せが可能です。詳しくは、手・まめ・館のホームページを見てください。アドレス　http://temamekan.com/index.html

（野津　牧）

2 こどもセンター設立に向けて

❶ 村の保育政策の移り変わり

　村の保育政策としては、2000年度（平成12年度）から2人目からの保育料無料化が実施されましたが、財政難から4年で打ち切りになってしまいました。

　現在は国の徴収金基準額表を、村独自の保育料徴収金基準額表に改正して徴収しています。国の基準額との比較率は、2階層の3歳未満児で23.3%、3歳以上児で25%です。具体的な金額では、3歳未満の子どもの保育料の最高額は33,600円、3歳以上の子どもの保育料の最高額は26,400円と、できる限り低額に抑える努力がなされています（ちなみに鮫川村から近い福島県いわき市の保育料徴収金の最高額は、3歳未満児で59,600円、3歳が35,600円、4歳以上で30,700円となっています。平成19年度現在）。

　この間、保育財源確保のために議員の歳費が削減され、幼児教育の費用にあてられた経緯がありました。また、経費節減のため、私たち職員の諸手当も削減されるという厳しい選択もありました。

　さらに厳しい問題として、鮫川村には、もともと村立の幼稚園が一つと同じく村立の保育所が二つありましたが、財政難と少子化の波により、今後、独立の幼稚園、保育所の計3施設を維持するには、人件費の面からも検討せざるを得ない時期にきていました。

　また、小学校は6ヵ所ありましたが、すでに2004年（平成16年）4月の時点で村立鮫川小学校と青生野小学校の2校に統廃合されました。

❷ 保護者のニーズの変化

　財政難のおり、自立した村づくりをめざす中では、「老朽化した保育所は新しく建てなくても、廃校になった学校を利用すればいい」そんなことが、村民の口からも出るようになりました。

　幼稚園は設立当初から5歳児のみの1年保育でした。保育に欠ける5歳児は、他の市町村同様、制度上は保育所入所が可能ですが、幼稚園に1年在籍して小学校に入学するという意識が地域の中に定着しており、5歳児の保育所への入所者は皆無に近い状態が続いていました。

教育委員会からは、教育効果を高めるために幼稚園に複数年の保育を望む声がありました。しかし、幼稚園を複数年保育にすると、今度は保育所に入所する子どもの減少が予想され、鮫川村の場合は、保育所の存続が問われることになります。

　保護者の就業形態の変化により、幼稚園の保護者の中にも保育時間の延長を望む声が出始め、幼稚園の保育時間は一体化する前から基本的には保育所と同じ時間帯に伸ばしていました。乳児保育や障がいを持った子どもの受け入れも保護者の声を尊重して実施していました。また、幼稚園と保育所の施設が離れているため、年長の幼稚園児と下の子どもを保育所に預けている保護者からは、子どもの送迎や施設の行事参加に負担がかかるという声が出ていました。

　同じ村の子どもたちを育てるのですから、就学前の幼児教育には一貫した保育理念で保育することがたいせつです。しかし、同じ村立施設ですが保育所と幼稚園は施設が別であり、交流保育で年に何度かいっしょに活動する程度で、統一した保育カリキュラムはありませんでした。私たち現場の保育士、幼稚園教諭としては、統一保育計画を作成したいという思いがありました。

❸　保護者の思いを汲み取る

　かつて鮫川村では、保育所が保護者の就労時間をカバーするのではなく、平日でも保育時間は8時間を下回り、土曜日も4時間以内の保育時間があたりまえの状況でした。

　そんな保育体制が続いていた十数年前のある日、縫製会社で働いていたお母さんから、「土曜日も半日でなく、一日保育所で預かってもらえれば、正職員になれるんだけどな……」との声が聞こえてきました。

　私たちはその声をたいせつに受け止め、「保護者が安心して働けるよう子育てを支えるのは私たちの仕事のはず」と、さっそく土曜日の一日保育を提案し、実施しました。

　ある時は、「脳性小児まひの子ですが、5歳になっても立って歩けない子が家にいます」という話に心を動かされました。当時、鮫川村では、知的障がい児の保育士加配があり、すでに受け入れていましたが、重度の身体障がい児を受け入れた実績はありませんでした。家族の思いに応えるため、障がい児を受け入れている保育所に見学させてもらうなど勉強することからはじめ、受け入れをはじめました。

　保護者がより利用しやすくするために、保育園は延長保育を充実させること。そして、幼稚園に通う子どもたちも保育園の延長時間と同じように長時間保育が受けられるように、幼稚園に預かり保育を設定しました。もちろん夏休みなど長期間休みの時も利用できるようにしました。

このように保護者の小さな声に耳を傾け、ときには要求を育て制度化し、保護者の保育ニーズを充足させてきました。

　また、村の子どもたちすべてを視野にということで、私たち保育者集団は労働組合員の立場で、全戸配布のチラシや手作りポスターをつくり、地域の人たちとともに子どもの育ちを考えるために、組合主催の「子育て講演会」にも取り組んできました。この取り組みは、現在23回を数えています。

　幼稚園、保育所相互の職員の交流も深く、施設が3か所の時から夏休み期間や休みの時に幼稚園の職員が保育所の保育代替に来てくれていました。

　保育者全員が、保育分野における自主的な研究団体である「福島県保育連絡会」に加入しており、つねに村の子どものことで手をつなぎ、「村の子どもたちは私たちがたいせつに育てます」という気持ちでやってきました。

　私たちの地域では、母親や父親が自分たちの要望を組織化して、訴えることはほとんどありません。「道路を改修してください」「学校の近くなので徐行の標識を設置してください」など、個人の力ではどうにもならないことは区長などに伝えますが、努力すればできることはひたすらガマンしたり、自力で解決する方がほとんどです。

　私たち保育者集団としては、そうした口に出せない保護者の思いを汲み取り、一人の声を手がかりに、保護者の方が利用しやすいように運営面に反映させたいと思っています。それは鮫川村のみんなが安心して暮らし、少しでもしあわせに暮らしてほしいと思う気持ちからです。保護者や子どもたちの笑顔が、私たち保育者の仕事の喜びであり、充実感でもあります。

　親の思いを汲み取るということは、財政難の現状では、一面自分たちの仕事がきつくなることも意味します。そんな時は、ムダなところや必要以上に気をつかいすぎているところはないか、事務処理や部屋の装飾も含めて自分たちの仕事を振り返り、何を大事にし、何を省くのかしっかり考えていくようにしています。同時に、全体でどんなふうに改善すればよいのか、現場保育者みんなの問題として提案し、新しい方法や、自分たちの努力すべき手だても含め、考えあうことをたいせつにしています。

3・4歳児クラスの保育参観デー

❹ 現場から出発した改革の動き――幼児教育検討委員会の発足――

　2002年（平成14年）1月、私たちは、保育所と幼稚園の現場職員で構成する自主的な組織、「幼児教育検討委員会」を発足させました。「公立という行政機関の一つであり、しかも保育所と幼稚園の垣根を越えて、どうしてそのような組織を発足させることができたのか」と、聞かれることがありますが、ほんとうに自然にできたのです。私たちの村では、保育所と幼稚園間の保育者の異動もおこなわれていましたし、いっしょに学習活動などを続けていましたので、両施設の垣根もなく、お互いに助け合うという気風が自然に作られていました。検討会発足の背景には、鮫川保育所の老朽化問題や渡瀬保育所を利用する子どもの減少問題があり、そして当時村の合併問題も出ていましたので、この時期にこそ保育所と幼稚園の方向性を確かなものにしたいという思いがありました。

　村のゼロ歳から就学前までの保育・教育を一貫性のあるものにしたいということで委員会設置の提案をしたところ、現場の保育者にはすんなりと受け入れられました。検討委員会は、今後の村の幼児教育システムのあり方について各職場におろしながら、以後3年間にわたり検討を重ねていきました。

　検討委員会のメンバーと開催状況は次の通りです。
　○　検討委員会メンバー
　　鮫川保育所　　　青砥所長　　菊地次長
　　渡瀬保育所　　　角田所長　　遠藤次長
　　鮫川幼稚園　　　金澤園長　　赤坂教頭
　○　検討会開催状況
　　第1回　　　平成14年1月11日　　　鮫川保育所
　　第2回　　　平成14年1月29日　　　渡瀬保育所
　　第3回　　　平成14年2月6日　　　 渡瀬保育所
　　第4回　　　平成14年2月19日　　　鮫川幼稚園
　　第5回　　　平成14年11月7日　　　鮫川幼稚園
　　第6回　　　平成14年11月17日　　 鮫川幼稚園
　　第7回　　　平成15年1月22日　　　鮫川幼稚園
　　第8回　　　平成15年7月2日　　　 鮫川幼稚園・旧西野小学校
　　第9回　　　平成15年8月27日　　　鮫川幼稚園

　検討委員会では、今後のあり方を考えるにあたって、①保護者の就労状況の変化、②少子高齢化の波による乳幼児数の減少、③保護者の乳幼児教育に対する意識の変化などについ

て、現状分析をおこない、そのうえで、保育現場の第一線で働く保育者集団として、あくまでも保育内容をいかにして高めていくのかという点を基本に検討を開始しました。

　まずは、各施設ごとの子どもたちの状況や保育内容の分析から始めました。一部抜粋して紹介しますと、以下の通りです。

　＜子どもたちの状況（気になること・姿）＞

　□鮫川保育所

・すぐにいらいらしたり、叩く、物を投げる、噛みつくなどの暴力行動が見られる。
・朝、ボーっとしていて一つひとつ指示されないと動けない子がいる。
・話しかけたときに、目をあわせようとしない。（以上、1〜2歳児）
・乱暴な言葉、意地悪な言葉をいう。
・集中して遊べない。
・思いっきり、大胆に遊べない子がいる。
・注意してもふざけが止まらない。（以上、3〜5歳児）

　□渡瀬保育所

・気が短く、友だちとのトラブルがあるとすぐに手を出す。暴力で訴える。
・状況を見極める力が不足している。自分の要求だけで動く。
・食事面のしつけが年齢相応にできない子がいる。
・理解力など年齢相応に発達していない子がいる。

　□鮫川幼稚園

・朝ごはんを食べない子、野菜が食べられない子、咀嚼（そしゃく）が弱い子がいる。
・友だちに言われたりして困ってしまうと、すぐに泣いてしまう子がいる。
・保育者の話を集中して聞くことができない子や、落ち着きのない子がいる。

　この他、各施設で大事にしている遊びなども出し合いました。

　このように子どもたちの現状を確認することから検討を開始しましたが、全員が同じ考えではなく、やはり焦点は、今後幼稚園と保育所を一体化した場合の問題になりました。

　とくに、幼稚園園長からは、地域住民の方の中には、幼稚園は小学校につながる教育機関で、保育所はケガをしないように見てもらい、楽しく遊ぶ施設という保護者の認識がまだ一部に残っている所なので、幼稚園が保育所といっしょになることで教育内容が低下する心配を持っている方がいると思う。また、全職員が時差勤務に就くことで、幼稚園の職員が9時45分からの勤務に就いた場合、保育に支障が生じるのではないかという心配に対しても考えておくことがたいせつではないかという意見がだされました。

　保育者たちは、保護者の方の安心と理解を得るためにもしっかりとした方針を示すたいせつさを確認しあいました。そして「幼稚園と保育所の統一カリキュラムを作成して、年齢に

ふさわしい活動や発達を見据えた保育展開をすすめていこう」、「幼稚園と保育所が現在おこなっている行事や日課のすりあわせをし、できる限り双方のよい面を生かす」、「環境を整えて、両方の保育者が共通理解を深めながら保育をすすめていきたい」という強い声が出されました。

　各保育所・幼稚園職員も各人の考えを提出し、それらもふまえて最終的に検討委員会としては、今後のあり方として、①保育所と幼稚園を一つの施設で同じ保育方針の下で運営する、②５歳児は家庭の事情により幼稚園、保育所を選択できるようにする、③移転先は旧西野小学校の廃校舎に保育所と幼稚園を併設する、とする検討委員会の案をまとめ上げました。

　ちょうどタイミングよく、村では「自立する村」をめざすための検討が始まりました。

　村の企画課や教育委員会の間でも、保育と教育行政というしばりを解き、地域再生計画にどう位置づけ、地域の活性化にどう結びつけるのかという視点で論議が進められ、村の行革会議の中でも、「幼児教育検討委員会案」はすんなりと受け入れられました。私たち現場の保育者集団がどのような内容を村の行革会議に提案したのかを知っていただくため、当時の資料を紹介します。

【幼児教育検討委員会の検討案（資料）】

　保育所及び幼稚園の管理運営上抱える諸問題を解決し、少子化に対応した一貫性のある乳幼児教育を推進するために、どのような姿であるのが望ましいかを検討する。

現状及び課題
1　保護者の就労形態の変化により、保育時間に対する意識及び幼児教育に対する意識が多様化している。
2　少子化の波により、独立３施設の運営では職員の配置に無駄が生じる。
3　保育に欠ける５歳児の保育は、制度上は保育所入所が可能だが、実質的には５歳児は「幼稚園」という意識が定着し、保育所への入所者が皆無である。
4　幼児送迎バスの運行により、登所（登園）、降所（降園）に時間的制約がある。
5　幼稚園においては、異年齢児間により培われる教育効果に欠ける。
6　保育料（保育料減免措置）及び授業料（授業料減免措置）の設定について、整合性を図る時期に来ている。
7　鮫川保育所施設が建替え時期にきている。
8　保育所と幼稚園に統一した保育カリキュラムがない。

方策
　少子化に対応した一貫性のある乳幼児の保育、教育の場として、保育所及び幼稚園の

それぞれの機能を併せ持つ『乳幼児教育センター（仮称）』を廃校となった旧西野小学校に設置し、効率的且つ合理的な管理運営を行う。

検討内容

項目	保 育 所	幼 稚 園
入所条件等	1　保育に欠ける乳幼児を保育する。 2　入所年齢は、ゼロ歳児～5歳児 ＊　5歳児については、年齢により施設の選択肢を限定せず、必要経費、休業の有無、保育時間、保育内容等により保護者が選択できることとする。	1　保育に欠けない幼児を教育する 2　入園年齢は、5歳児
運営内容	1　ゼロ歳～4歳児の保育を行う。 2　5歳児の保育は、幼稚園の保育時間内は幼稚園において、幼稚園のカリキュラムに基づき教育を行う。 3　5歳児は、幼稚園の保育時間外は保育所で保育する。 4　5歳児は、幼稚園の休業期間は保育所で保育する。	1　幼稚園の保育時間外は預からない。 2　幼稚園の休業日は預からない。 3　5歳児の保育所児をいっしょに教育する。
休業日	1　年度末年度始休業 　　3月29日～4月3日 　　（希望者は、保育あり） 2　年末年始休業 　　12月29日～1月4日 3　週休日 　　毎週日曜日 4　祝祭日	1　年度末年度始休業 　　3月23日～4月8日 2　夏季休業 　　7月21日～8月24日 3　冬季休業 　　12月24日～1月7日 4　週休日 　　毎週土曜日及び日曜日 5　祝祭日
保育時間	1　7時～18時30分 2　幼児送迎バス利用者 　　平日　概ね8時（9時）～15時（16時） 　　土曜日　同　　～11時30分（12時30分） 　　（希望する者は、一日保育）	1　8時～16時 2　幼児送迎バス利用者 　　概ね8時（9時）～15時（16時）
特別保育	1　延長保育⇒保育時間11時間を越える保育 2　障がい児保育⇒障がい児の保育 3　子育て支援⇒保護者同伴の体験保育、子育て上の相談	＊　実施しない
給食	1　ゼロ歳～2歳児　自校方式完全給食 2　3歳児～5歳児　自校方式主食持参副食給食	1　自校方式主食持参副食給食

幼児送迎バス	現施設ごとの状況 鮫川保育所　　2台　　　運転手2名　　　添乗員　2名 渡瀬保育所　　1台　　　運転手1名　　　添乗員　1名 鮫川幼稚園　　1台　　　運転手1名　　　添乗員　1名 ＊1　地理的条件と保護者の家庭状況を考慮し、現行どおり幼児送迎バスを運行する。 　2　運行経路、時間等効率的、合理的な運行を計画する。
乳幼児数及びクラス数	<table><tr><th>年齢</th><th>鮫川保</th><th>渡瀬保</th><th>幼稚園</th><th>計</th><th>基準クラス数</th></tr><tr><td>0歳</td><td></td><td>3</td><td></td><td>3</td><td>1</td></tr><tr><td>1歳</td><td>10</td><td>6</td><td></td><td>16</td><td>7</td></tr><tr><td>2歳</td><td>20</td><td>5</td><td></td><td>25</td><td></td></tr><tr><td>3歳</td><td>28</td><td>12</td><td></td><td>40</td><td>4</td></tr><tr><td>4歳</td><td>27</td><td>6</td><td></td><td>33</td><td></td></tr><tr><td>5歳</td><td>1</td><td></td><td>37</td><td>38</td><td>2</td></tr><tr><td>計</td><td>86</td><td>32</td><td>37</td><td>155</td><td>14</td></tr></table>　　　　　　　　　　　　　　　　　　　　　　　　平成15年9月1日現在
必要な部屋	ほふく室　　7　　　プレールーム　　1　　　職員室　　　　　1 保育室　　　6　　　資料収納室　　　2　　　職員給食室　　　1 配膳室　　　1　　　洗濯室　　　　　1　　　職員更衣室　　　2 食堂　　　　2　　　沐浴室　　　　　1　　　所長室（応接室）1 便所　　　　4　　　屋外遊具倉庫　　1　　　会議室　　　　　1 保健室　　　1　　　足洗場　　　　　1　　　相談室　　　　　1 図書室　　　1　　　水呑場　　　　　1　　　屋外倉庫　　　　1
組織	［組織図：センター長・保育園長 → 保育所次長（保育士）、幼稚園園長（教諭）、事務長（調理員、事務員）］ 1　センターは、教育委員会が監督する（保育業務を教育委員会に委任する）。 2　所長は、センターのすべてを統括する。 3　保育所次長は、保育所における保育業務を統括する。 4　幼稚園園長は、幼稚園における教育業務を統括する。 5　事務長はセンターにおける事務を統括する。 6　事務部門は、従来の保育所及び幼稚園における事務を掌握するほか、従来の住民課が掌握する保育所にかかる事務を掌握する。

註2）検討委員会案では、5歳児の保育は、保育に欠ける子どもは保育所、保育に欠けない子どもは幼稚園で受け入れるとしていました。

ただし、この検討委員会案では、5歳児の保育については、「家庭の事情により幼稚園、保育所を選択できる」としていましたが、大樂村長から「小学校に入学する前は全員幼稚園に入園させたい」という案が出されました。
　また、幼稚園の保護者の中に、長時間保育を受けたいという要望があることを考慮する点についても、村長案は、「幼稚園の預かり保育を充実させれば混乱もなく、保護者の意向にも十分応えられる」というもので、原則、今までどおり5歳児は幼稚園で受け入れるという方針が固まりました。
　年齢で幼稚園と保育所を分けると、保護者を混乱させることなく、また子どもたちを分け隔てなく保育することができる。さらには、保育行政もスムーズになり、末端の町村行政においては、文部科学省、厚生労働省にとらわれることなく、幼児教育を一元化できるシステムにつながると考えました。

❺ 保護者側から出された要望

　村のエンゼルプラン作成の委員をしていた保護者の方からも、「保育所といっしょになると、幼稚園の教育の面が低下してしまう」「幼稚園で長期休み期間に預かり保育を実施すると、それを受ける子と受けない子に差が出てくる心配がある」という声が出ていました。
　実際には、多くの保育士、幼稚園教諭が両施設の勤務を経験していましたので、幼稚園と保育所のカリキュラム様式の違いはともかく、保育に対しての基本的な考え方は異なることなく、年齢や、クラスの状況により保育を展開することは、双方とも同じなので、年齢が小さい保育所の子どもたちといっしょの建物の中で保育を受けることは、とくに保育内容の低下につながることではないと考えていました。
　保育はその年齢の子どもたちの発達状況や彼ら自身の織りなす活動により展開される営みなので、逆に保育所の子どもたちといっしょになることにより、5歳児としての自覚が育ち、生活や教育的な面でプラス効果が生まれてくることを訴えました。
　また、私たち現場の保育者は、保育施設の統廃合問題は村全体にかかわることなので、保護者の声を反映していかなければならないと考え、保育参観デーの日を利用して、施設の老朽化や日当たりの悪い施設環境問題について、また、今後の村の保育のあり方について問題を投げかけていきました。
　保育参観に参加した祖父母の方からは、「学校が統廃合になるが、学校には多額のお金が掛かっている。そのままにしておくのはもったいないので学校を保育所に使うことを考えてよいのではないだろうか」と具体的に廃校を予想される小学校の名前をあげて意見が出されました。

一方、お父さんたちの中からは、「学校と幼稚園・保育所は使用目的が違うのだから、小学校の建物を使うのはどうかと思う。逆に改修にお金がかかるので建物は違うほうがよい」との意見も出ました。
　こうした中2003年（平成15年）3月の村内4小学校の廃校を前にして、2002年（平成14年）12月に鮫川保育所保護者会より、園の移転改築と学童保育の充実を求める「鮫川保育所移転改築に関する要望書」が村と議会に提出されました。

鮫川保育所移転改築に関する要望

　　　　　　　　　　　平成14年12月16日　　　鮫川保育所保護者会会長
　　　　　　　　　　　　　　　　　　　　　　　白坂雅彦　外15名

　鮫川保育所運営につきましては、日頃より保育料をはじめいろいろと格別のご理解とご高配を賜り深く感謝申し上げます。
　現在、鮫川保育所に73名の子どもたちがお世話になっております。
　お蔭さまで子どもたちは日々楽しく遊び、健やかに育っており、私たち保護者も安心して仕事に専念することが出来ますので、大変助かっております。
　しかし、最近の鮫川保育所の周囲は、山の木が大きく伸び、日当たりが悪くなってきています。特に冬は朝日が木々にはばまれ、陽が射すのが遅く、しかも、南側の庭は一日中陽が射しません。施設全体としても日照時間が少ない状況です。
　また、保育所の庭も狭く運動会等は他の広場で行っている現状であります。
　建物も築34年が過ぎ、保育施設として施設の改修工事も何度もしていただき、子どもたちに親しまれ、愛されてきましたが、もはや老朽化による補修工事も限界にきていると思います。
　今、鮫川村でも核家族化や共働きや祖父母の就労家庭が増加しています。それに伴い、低年齢児から保育を希望する方が多くなっていますが、施設が狭くゼロ歳児保育をしていただく部屋がない状況にあります。
　私たち保護者は、子育てに夢と希望を持ち、安心して働き、子育てが出来るよう保育所を広い敷地の陽当たりの良い場所に移築し、保育事業拡充が出来る近代的な施設建物を提供してくださるよう格別のご高配を賜りますようよろしくお願い申し上げます。
要望事項
　　1．鮫川保育所移築をお願いします。
　　2．乳児保育の拡充をお願いします。
　　3．放課後児童保育をお願いします。

保護者会の役員会では、もし移転する場合は、どこの学校を幼児教育施設に改修したらよいかという点について話が出たときに、広さなどの面から、現在のこどもセンターの地である旧西野小学校の名前が上げられていました。

❻　地区からの要望

　また、現在のこどもセンターがある西野区からは、廃校になった小学校は築後9年しかたっておらずまだ新しい校舎であり、補助金の償還が毎年かかっていること、またなんとか西野区を活性化させたいということで、廃校の有効活用として、「幼児教育センター（仮称）」の移転を受け入れたいという趣旨の「西野小学校閉校後の施設活用についての要望書」が村と議会に届けられました。

　地域から小学校がなくなることは、そこの住民にとってもとてもさびしいこと。住民が集う地区の集会場は新築したばかりなので、小学校の建物を必要とはしませんでした。そんな中で赤坂西野行政区長斎藤実さんや組長さんをはじめ区民の方が考えたのが、幼保一体的施設の受け入れでした。小学校に在籍している子どもたちの心情を考え、閉校になる2003年（平成15年）3月の提出となりました。

要　望　書

平成15年3月11日
西野区長　斎藤　実　外10名

　西野小学校施設の活用について要望します
　この度の村内統合小学校の発足に伴い、西野小学校は130年続いた学校の役目を終わります。これまでの過去を顧みますと、当地域は小学校が中心となり区民一致協力の基に発展してきたものであります。
　この地から学び舎が無くなることの寂しさは区民のみんなが感じていることでありますが、次代を担う子どもたちの環境を考えたとき、残念ながら閉校を認めざるを得ないこととなったものであります。
　しかしながら、西野区の中心はやはり公共施設があってこそ、活力が沸き地域が結ばれ相互協力の基に発展するものであります。
　つきましては、西野小学校閉校後の施設を活用して次のような利用を考慮いただきたく要望いたします。
　　　　　　　　　　　　　記
　保育所や幼稚園といった幼児のための施設
　　　　　　　　　　　　　　　　　　　　　　　　　　　　（以下、略）

⑦　村の行政改革の中で

　村が住民投票により自立の道を歩むこととなった時、2003年（平成15年）9月に新しい村長が誕生しました。村民の暮らしを見つめたところから、自立の村づくりをめざすさまざまな角度からの試みの一つとして、村職員による行政改革に対する提言の提出などが行われました。たくさんの方から提言が出されました。職員みんなが本気になって我が村のことを考えていることが伝わりました。

　とくに農林課の山形課長の『行財政改革にあたっての基本姿勢』と題する提言、「住民投票によって村民は『鮫川村は合併しない自立した村づくりをめざす』ことを投票に託したものです。この村民の『おもい』『ねがい』を、これからの役場のすべての業務にわたって、全職員が心に銘ずるべきです。厳しい財源のなかで、この村民の『おもい』に応えられる役場の組織と財政運営をどうすすめるのか。そこが改革の原点であると思います。また、財政難を理由に、村民の負担（税金、負担金、使用料等）を増やすことを安易にすすめてはなりません。職員がどれだけ汗を流すかで、村民の理解と共同参加が得られると思います。経費節減に最大の努力をおこない、行政の方向の将来を見据えた議論を高めながら、住民参加の村づくりをめざすべきであります。」に、私は共感を覚えました。

⑧　幼児教育専門委員会

　2003年（平成15年）10月に、現場がまとめあげた「幼児教育検討委員会案」は、村の行革会議に提出されました。それを受け、教育委員会、住民福祉課、3か所の幼児教育施設全職員（調理員も含む）代表の9名からなる専門委員会がつくられました。委員会は基本的には幼児教育検討委員会案に賛同でしたが、問題は一体的運営施設をどこに設置するかでした。

　専門委員会としては、廃校を活用することを優先的に考え、現地へ足を運ぶ、公債台帳を閲覧する等いろいろな角度から調査し次のような検討結果を具申しました。

イチゴ狩り

1．保育所及び幼稚園の一体的運営体制について

　保護者要求の多様化と現在のこどもを取り巻く社会情勢の変化に対応するため、行財政の面をふまえて、幼児教育施設の施設長及び次長・教頭で約２年をかけて検討されてきた「幼児教育検討委員会検討案（内容）」結果は、大変賛同できるものです。この内容を基本にして一貫性のある鮫川村の乳幼児教育施設を作ってほしいと切に願うものであります。

　①　「こどもの夢を育て安心して子育ての出来る村づくり」を基本理念とした鮫川村子育て支援計画にのっとり、こどもと子育て家庭の支援を前向きにとらえている。また、今後の社会動向をふまえ、財政難の中でいかに実施できるかが検討されている。

　②　こどもは本来、家庭環境で分けられるものではなく、等しく保育されなければならないと考える。そういう点で、鮫川村の幼児教育は一本化するのが望ましいと思う。この案はその考えを十分加味している。また、保育所及び幼稚園の一体化を村民に理解してもらえるよう、できるだけ現体制を大事にしている。（幼稚園は５歳児のみ保育、保育時間等）

　③　乳幼児の成長にとって特に〝食〟は大事である。幼稚園のこどもも保育所の給食をいっしょに食べることが検討されている。同一施設の子が同じものを食べることは自然なので、その面からも、検討案については特に評価できる。組織については、引き続き「幼児教育検討委員会」で検討されることをお願いしたい。

2．鮫川保育所の施設老朽化に伴い、一体的運営の施設をどこに移築するかについて

　廃校を活用することを最優先に、旧小学校の視察や資金面での調査など多方面から検討した。

（第一案）
　・旧西野小学校校舎を改修し活用する。

（第二案）
　・旧富田小学校校舎を改修し、旧富田小の校庭に保育所を新築する。

（第三案）
　・現幼稚園に保育所を併設する。

　この３つの案については、下記のとおりである。

①旧西野小学校を利用するについては、建物も広く校庭もゆとりを持って建てられており、幼児送迎バスの運行も道路が整備されているので環境的には大変よく、問題はないと考えられる。ただ、一体化するとなると、青生野・渡瀬方面の住民から理解が得られるかどうか危惧されるので、当面渡瀬保育所を残し、段階的に一体化を目指すことが必要であろう。

②旧富田小学校を利用するについては、位置的には問題はないが一体的運営の乳幼児施設と

しては非常に狭すぎるので、別紙のとおり旧校舎の一部を活用しながら、合わせて保育所の新設が必要となる。また、敷地面積が狭いため進入路の拡張工事や駐車場確保が必要となる。
③現幼稚園に保育所を併設する案については、第一案と第二案で大きな問題となった地理的条件及び敷地面積を解決する案として、専門委員会全員が納得するものとなった。村の中央ということで一体化に対する住民の理解が得やすい、幼稚園と併設することで新築面積が少なくてすむ、医療機関が近い、トレーニングセンター・プール・駐車場が利用できるなどの利点が多い。

　専門委員会全員が、廃校を活用することは地域の活性化から考えても大切なことであると考えている。しかし、乳幼児施設として使用するためには多くの費用がかかることがわかった。財政的な面、幼児教育施設としての機能性などから考え、第三案の現幼稚園に保育所を併設する案ですすめていただきたいと希望します。

３．実施年度について
　村民の説明会や設計にも時間がかかると考えられるので、平成16年度を準備期間とし、平成17年度の早い時期に実施することが望ましい。

❾　行政改革の本部会議

　幼児教育専門委員会の答申は本会議に提案されました。設置場所は、現幼稚園に保育所を併設する案を希望としましたが、その点は再検討され、改めて廃校になった二つの小学校と鮫川幼稚園の3施設が対象として検討されました。

　旧西野小学校は、村の中央よりはずれていることと、改修が必要でした。旧富田小学校は、地図上では村の中央にあるものの、増築及び改築が必要でした。鮫川幼稚園は、役場にも近いのですが、保育所の建築が必要であり、何よりも保育所を統合するには用地の確保も必要となります。

　以上の3施設の中から、教室数も多く、校舎もきれいで、保護者の通勤の利便性の高い所ということ。さらに、村長から、西野地区から要望書が出ていること、地域再生計画など、国の動向にも目を向け、さらに村全体の活性化の視点と廃校を利用したいという思いがだされ、議論の末廃校4つの中の一つ、旧西野小学校に決まりました。同時に意向として、他の廃校も有効活用したいことも伝えられました。

❿　一体化に向けての取り組み

センター化の方向性が定まってきましたので、計画を具体化するための会議、視察、説明会などが次々におこなわれました。

＊　地域再生計画申請に向けて

村長、教育長、総務課長、企画課長をはじめ関係する各課の課長、所長の15名の職員で会議が開かれ、旧西野小学校を活用した「幼稚園・保育園の一体化施設」の整備について話し合われました。鈴木企画課長の報告のなかで、国の内閣官房あてに複雑な書類の提出が求められていることを知りました。1番目に地域再生計画の提案。2番目に認定に向けての具体的提案。3番目に認定申請の意向調査。4番目に認定申請事前ヒヤリング。5番目に認定申請書提出。そして、認定をうけたのちに、学校の所管である教育委員会が、文部科学省に旧西野小学校の転用許可を得るために「公立学校施設整備費補助金等に係る財産処分承認申請書」を提出することを確認しあいました。

また、村の要職にある方たちの村内関係の合意形成のため村廃校利用委員会等の開催についても話されました。

＊　旧西野小利用に伴う保育所・幼稚園の運営会議

参加者は地域再生計画申請に向けての会議に出席したメンバーでした。①各部局の届出関係について、②施設の改修方針について、③運営方針や運営体制について、④地域説明会の開催について等の話し合いがあり、一体化に向けてより具体的に歩み始める会議になりました。

＊　先進地視察

施設の改修工事を担当することになった地域整備課補佐の近藤さんと中心的存在の住民福祉課長補佐の本郷さんと保育現場の園（所）長たちで次のような箇所に行きました。
　（ア）2階建ての保育園や小学校の一部を保育園に改修した保育園
　（イ）ごく最近改築した機能性高いモダンな保育園
　（ウ）幼稚園と保育園を同一施設で一体として運営している所
実際に見学させていただいた施設は次のとおりです。
・白河市立わかば保育園　　福島県白河市
・白河保育園（社会福祉法人白河市社会福祉協議会）福島県白河市

・同　分園第二保育園（　　同　　）　　同
・川谷保育園（社会福祉法人川谷福祉会）福島県西郷村
・平田村立蓬田保育園　　福島県石川郡平田村

⓫　幼保一体的内容の説明会の開催

2004年（平成16年）3月から5月にかけて、「幼稚園と保育所の一体的運営とそれにともなう統廃合・移転について」、保護者や村民の理解を得るために説明会を開きました。
説明会に使用した資料は次のとおりです。

【幼稚園・保育所の一体的運営の考え方】（資料）

1　幼稚園においては、異年齢児間により培われる教育効果に欠ける。
2　鮫川保育所が、老朽化し、危険であること。また、周囲の森林が大きくなり、日当たりが悪いなどの保育環境が悪く、改築時期にきている。
3　保育ニーズの低年齢化により保育室の増加が必要であるが、園舎が手狭であることと、保育士の確保等十分な対応が困難となっている。
4　保護者の就労形態の変化により、保育時間に対する意識及び幼児教育に対する意識が多様化している。
5　保育に欠ける5歳児について、制度上は保育所入所が可能だが、実質的には「5歳児は幼稚園」という意識が定着し、児童クラブ（学童保育）の利用が増加している。
6　幼児送迎バスの運行により、幼稚園、保育所の登所（登園）、降所（降園）に時間的制約がある。
7　保育所の国から交付される運営費が一般財源化（交付税）されたことにより、著しく財政負担が強いられることとなった。
8　保育所建築費の国・県補助率の低下により、負担が増加し、新築が困難である。
9　村の財産である、廃校の有効活用が見いだせない。
　以上のことから、幼稚園児と保育所児等の合同活動を行うことにより、幼保の均一なサービスが可能となり、多様な保育ニーズに対応するとともに、異年齢の交流活動・遊び等を通じ、幼児の社会性の基礎を養い、「健やかで心豊かな子どもの育成」を目指す一貫性のある乳幼児教育を推進する。
　地域子育て支援センターを設置することにより、母親の育児不安解消や家庭にいる子

どもも、同じ年齢児と交流ができる。
　今後の村の財政事情を鑑み、有効かつ合理的な運営をはかるために、旧西野小学校を活用した、乳幼児教育・保育を実施する。

◆今後の保育所・幼稚園一体的運営について
１．運営方針について（案）

項　目	保　育　所	幼　稚　園
利用施設名	旧西野小学校	
対象児	ゼロ歳児～4歳児	5歳児
クラス数	8クラス	2クラス
定員	120名	60名
保育時間	7：00～18：30	8：00～15：00
休業日	日曜日、祝祭日、年末年始	土・日曜日、祝祭日、年末年始、春・夏・冬休み
給食	自校方式（3歳以上は主食持参）（保育料に含む）	自校方式（主食持参）給食費　4,100円（おやつ代含む）
おやつ	有	
幼児送迎バス	月～金曜日運行　　　バス代月2,500円	
預かり保育		15：00～18：30 預かり料　月2,000円＋給食費（長期休暇のみ・日割り計算）
行事等の実施	主な行事は合同で実施	
保育料・授業料	月額0円～36,600円 2人目無料	入園料1,000円 月額4,000円（減免制度有）
その他	・保護者会を一本化 ・たよりの一本化	
子育て支援センター	育児相談、子育てサークル支援、交流保育等	

2．運営体制について（案）　　　（省略）

3．年少人口（平成16年4月1日現在）

(名)

行政区	0歳	1歳	2歳	3歳	4歳	5歳	計
赤坂西野	9	12	9	7	10	7	54
西山	5	3	4	4	3	4	23
赤坂中野	5	11	4	12	8	9	49
赤坂東野・石井草	8	5	9	9	6	9	46
富田	3	2	1	6	3	3	18
渡瀬	3	0	5	0	3	1	12
青生野	5	3	1	4	7	4	24
計	38	36	33	42	40	37	226

4．保育所・幼稚園の現状

【人員数・予算】

平成16年4月

項目	現状				統合後	比較増減
	鮫川保育所	渡瀬保育所	鮫川幼稚園	計		
所長・園長	1	1	1	3	1	△2
次長・教頭	1	1	1	3	2	△1
保育士・教諭	8	4	2	14	14	
調理員	2	2		4	3	△1
クラス	5	3	2	10	10	
支援センター					1	1
事務職					1	1
予算額（千円）	82,005	65,083	28,793	175,881		
保育料・授業料	11,847	3,622	1,559	17,030		

【平成16年度入所（園）状況】

年齢	鮫川保育所	渡瀬保育所	鮫川幼稚園	計	クラス	保育士・教諭
0歳		1		1	1	1
1歳	7	5		12	1.5	3
2歳	18	6		24	1.5	3
3歳	30	4		34	2	2
4歳	27	11		38	2	2
5歳	1		36	37	2	2
計	83	27		146	10	13

＊保育士のフリー1名は記載されていません。

【保育料の状況】〔月額〕

階層	国の基準（円）		鮫川村の基準（円）		人員	
	3歳未満	3歳以上	3歳未満	3歳以上	1人	2人以上
1階層	0	0	0	0	0	0
2階層	9,000	6,000	2,100	1,500	6	5
3階層	19,500	16,500	7,100	4,800	13	11
4階層			8,600	6,000	7	6
5階層	30,000	27,000	12,600	10,400	4	2
6階層		保育単価限度額	14,600	12,400	6	6
7階層			20,600	18,400	10	11
8階層	44,500	41,500 保育単価限度額	25,600	23,400	10	2
9階層	88,000	77,000	28,600	26,400	1	
10階層	保育単価限度額	保育単価限度額	36,600		7	2

【幼稚園授業料と給食費】 入園料 1,000円　月額授業料 4,000円

授業料の減免区分	減免率	金額	給食費	人数
生活保護所帯	全額	0円	月額 4,100円	0人
住民税非課税所帯	1/4	1,000円		4人
住民税均等割所帯	1/2	2,000円		5人

* **保護者会への説明会**

　まず、住民福祉課長が保育所・幼稚園の保護者会で説明しました。移築の要望書が出されていたこともあったので、一体化施設になる旧西野小学校を見学する機会を設けてほしいという意見が出されました。幼稚園でもおこないましたが、こちらのほうもとくに反対意見は出ませんでした。

* **住民への説明会**

　説明会では保護者の方からの意見・要望として、①病気等の対応について、②バス運行時間の短縮について、③小学生用階段は大丈夫か、④幼保一元化が必要なのではないか、⑤幼保の自由な選択肢がほしい、⑥現在ある小学校のプールを使用するのか、⑦幼稚園と保育所の違いが見えない、⑧栄養士の配置が必要ではないか、⑨2人目の無料化はなぜ続けるのか、⑩課外児童クラブはどうなるのか、⑪一体化による経費削減額の試算はあるのか、⑫現地説明会はあるか、等が出されました。

　バスの乗車時間を現行より長くしないことや、子どもの急病時の対応は現行通り家庭と連絡とること、連絡がとれない場合は園のほうで判断をすること、場合によっては、家庭に送り届ける等、できるだけ保護者のみなさんの意見を反映させながら運営していきますので、村の財政事情を理解のうえ、ご協力いただきたいとお願いしました。

　経費節減の試算は作りませんでしたが、運営費の約8割くらいを占めるのが人件費です。単純に考えて三つの施設を一つにすれば少なくとも管理職は減ることが予想されました。帰りの下駄箱の所であるお父さんが、「ほんとうは今日、反対意見を言おうと思って来たんだけど話を聞いたら言えなかった」といっていました。地理的に遠くなってしまわれる方にとっては、断腸の思いでの了解だったのだろうと推察いたしました。

* **旧西野小学校の見学会**

　説明会での要望に応えるために、保育参観デーの日に見学を組み入れたり、保育所の開放日に参加された方を対象に、施設見学会も実施してきたりしました。2階を利用することでの不安な面の質問が出ましたが、ていねいに説明することで理解を得ることができたかと思います。

　実際建物を見てからは、説明会での不安も薄らいできたようでした。

* **保育所の子どもたちと確かめる**

　また、机上では建物は大方だいじょうぶとは思っていましたが、念のためと思い、在所している子どもたち全員をつれて行き、改修するのがむずかしい正面玄関や2階に登る階段

を、ほんとうにだいじょうぶか実際登らせてみました。また、水道の高さはどうかも調べました。一番小さい子が階段を四つんばいで上がる姿をみて1歳児でも安全であることを確かめることができました。

子どもたちは、「ひろーい」といいながらワイワイ駆け回り、置いてあった木琴や鉄琴を鳴らすなど、音楽室をはじめ好奇心いっぱいで校舎内を見回っていました。

<見学会後の保護者の感想>
- きれいな所だね。このままにしておくにはもったいないね。
- いい環境だね。近くになっていいけど、遠い人は大変だね。申しわけない。
- 広いくていいなーと思った。廃校になった学校が活気づくと思った。
- 新しくていいね。階段も安心だね。
- まだ真新しい校舎。掃除も行き届いていて、感じのいい所でした。改修して使えることは、とてもよいことだと思いました。その中で、のびのびと教育できたらほんとうにすばらしいと思いました。
- 高校生が「西野に住んでいることを誇りに思います」といっていました。

以上、私たち保育者は、幼保一体化施設実現に向けて保護者のみなさんの理解を得る取り組みだけでなく、祖父母、地域のみなさん、そして行政の理解を得る取り組みをすすめていきました。それは保育所、幼稚園が地域の人たちに支えられてきたからであり、これから誕生するこどもセンターが過疎の村にとって地域の宝になると確信したからでもあります。

⑫ 「地域再生計画」の国への提出

地域再生計画認定申請は企画課が担当しました。

鈴木企画課長が内閣総理大臣あてに、地域再生計画の認定を申請する申請書を作成しました。申請内容の趣旨は以下の通りです。

定住人口の維持、人口構成の改善、雇用の創出を図りたいこと、そのために、子育て支援のための環境整備が緊急の課題であり、廃校となった旧西野小学校（築9年）を村が無償転用して、村営の「子育て支援センター」「幼稚園・保育園の合築施設」を整備することや、施設を新築により整備すれば、約2億円の費用を要するが、廃校校舎を利用すれば、約8千万円程度で整備できること。

さらに、地域再生計画認可後、施設整備に要する財源確保のため、過疎債（保育所分）とリニューアル債（幼稚園子育て支援センター分）の認可申請をおこない、平成16年8月には工事に着工し、翌年1月に完成させる。遊具、フェンス、駐車場等の外装工事を2月に発注、3月までに完成させる。また、平成17年4月に開設するために、「施設設置条例」を3月に定例村議会に提案する、というものです。
　また、公立学校施設整備費補助金等に係る財産処分について、教育委員会として「公立学校施設整備費補助金等に係る財産処分承認申請書」を文部科学省に提出しましたが、これは補助金で整備された公立学校の廃校校舎の転用の弾力化の支援措置を受けるためのものでした。

　以上の経過を経て、2004年（平成16年）6月、国により地域再生計画は認可されました。

⑬　改築工事の着工

　認可を受け、さっそく改修や運営についての会議が開催されました。村長も現場の考えを重視するよう指示してくれていましたので、幼稚園と保育所の運営や改修箇所に関してなど、具体的な細かい内容のすり合わせについては幼児教育検討委員会で話し合いを重ね、私たちは現場を預かる立場から提案していきました。とくに、改修については、保育現場の職員と設計業者とで打ち合わせをすることもできました。
　いよいよ2004年（平成16年）8月、改修工事に着工し、翌年3月に引き渡されました。改修工事と外溝工事で約8千万円余り。そして待ちに待った4月、さめがわこどもセンターは開所の運びになりました。

第Ⅲ章

"幼保一元"の保育づくり

1 さめがわこどもセンターの保育プランづくり

　この章では、はじめに、さめがわこどもセンターの保育プランづくりにあたって、保護者の声も受けとめながら私たち保育者が何をたいせつにして検討をすすめたのかを紹介します。

❶　改修するにあたりたいせつにしたこと

　前章でも述べましたが、私たち保育者は、移転予定地の旧西野小学校に出向き、改修してほしい所を出し合い、行政の担当者といっしょに設計業者に要望を出し、図面ができてからもさらに検討を重ねました。また、保護者にも、現地を見てもらい要望を聞きました。
　改修に当たって、保護者の声も含めた要望事項の主なものは次の9点でした。

①給食室を設置してほしい。
　今まで幼稚園の子どもたちは学校給食センターの給食を食べていたので、合築施設になってもセンターから搬送した給食を提供したほうがコスト面で安くあがるという意見が行政の担当者から出ていました。校舎を改修するにも場所が狭いので、3歳児以上は給食センターからの給食を食べ、3歳未満児のみ、厨房での食事を提供するという意向も伝えられましたが、現場の保育者としては給食室の確保はゆずれませんでした。
　私たち保育者は、単純に考えても施設内にただよう調理のにおいと、口にする献立が違うことはおかしいということで、ゼロ歳から幼稚園の子どもまで全員の食事が提供できるようにしたいという思いを強く持っていました。今回の改修箇所では、厨房の改修に最もお金がかかりました。

②2階建てなので、ベランダや階段周辺の安全性を確保してほしい。
　階段周辺やベランダは子どもが遊んでいても転落しないように配慮してもらいたいとの要望を出しました。

③トイレの全面改修をしてほしい。
　小学校当時のトイレは、小学生の身長に合わせてあるため、幼児期の子どもには高すぎる

など、設備が合わないものでした。トイレをはじめ水飲み場の段差の改修をしてもらいたいとの要望を出しました。

また、それにあたっては、たとえば洗面台の高さを下げる場合も、私たちから縦、横、高さの具体的な数字と略図を書いて示すなど、かなり具体的な要望を出していきました。

④1階にベランダを取り付けてもらいたい。

校舎の1階部分と校庭には段差があり、小さな子どもたちにとっては大きな落差になりました。また、低年齢の子どもたちがベランダを自由に行き来し交流しやすいように、さらにプール活動の後始末がスムーズにできるようにとの思いから、木製のベランダを作ってもらいたいとの要望を出しました。

⑤1・2階とも廊下には引き戸を取り付けてもらいたい。

長い廊下に扉を付け、冬季間の暖房効果と遊びの空間を確保すること、幼稚園と保育園との区切りをつけたいということでの要望でした。

⑥2階の図書室を取り払い、オープンスペースを確保してもらいたい。

保育や幼児教育を実施するうえで絵本などは欠かせないものですが、小学校ほどはスペースを取る必要はないので、図書室をオープンスペースに転用するように要望しました。

⑦ランチルームのテーブルと椅子を地元木材で作ってもらいたい。

厨房の隣りはランチルームですが、子どもたちが食事をするテーブルや椅子は、農林課長の山形さんが、間伐材を利用すれば補助金が付く手段を考えてくれました。子どもたちが使いやすく、しかも、保育者が中腰で作業しなくてすむようなものを、特注で作ってもらうことになりました。

⑧体育館の常時使用を考え、舞台部分を安全なように改修してもらいたい。

体育館は保育園の午睡中に幼稚園の子どもたちが活動できるように、また、センター全体の行事にも活用できるようにと舞台部分を危険のないよう工夫してもらいたいという要望でした。

⑨情操教育の面からうさぎ小屋を設置してほしい。

外の物置の設置にあわせて、散歩の帰りに餌をとってきたり、うさぎのしぐさを見たりできるように、庭の片隅へ設置するお願いでした。3間×1.5間の大きめのものを作ってもら

いました。現在18羽が元気に跳ね回っています。

　その他、校舎の改修にあたっては安全面に配慮すること、より使いやすくすること、長時間過ごす場所なので保育園、幼稚園ともに家庭的雰囲気の部屋を確保したいので、畳スペースを確保してもらいたいこと、などの要望を私たち現場の意見として出していきました。
　業者と保育現場の橋渡し役であった、地域整備課の近藤さんは、「保育者たちは、つねに子ども目線で見ている。高さや登る・もぐる危険性についてもいち早く指摘してくれるなど、私自身にとってもたいへん勉強になりました。また、気づいたことや話し合いをしたなかで浮かび上がった設計に反映してほしいことは、そのつど書面で伝えてくれたので、わかりやすかったし、可能な限り反映させることができたと思います。ただ、厨房へ、仕事時の暑さ対策と適正な調理温度を保つためにエアコンを設置してほしいという要望に対しては、600万もの経費がかかることが予想されたので、下処理室だけしか設置できませんでした。クーラースポットでの代用となってしまいましたが、それはしかたがなかったかなと思います。ただ自分として考えていたことは、2階から外が見えるように、ベランダの壁面は間隔を置いて縦に切り、子どもたちがくぐれないよう細く柵を入れてあげたいと思っていました。しかし、経費のことを考え断念しました。そのことが心残りです」と話していました。工事担当者もつねに子どもたちのことを考え、村の財政難の狭間で苦慮されていたのです。

❷　保育カリキュラムづくりの考え方

　幼保一体化施設になると、同じ施設で子どもたちが日中を過ごしますので、保育カリキュラムは統一することを前提に考えました。
　子どもの成長・発達に必要な環境を整え、日々の営みを通して子どもたちがいろいろなことを身につけていく点では、福祉的な要素の強い保育所であっても、教育的な要素の強い幼稚園であっても、子どもの育ちを保障するための機能をどう高めていくかということでは共通していると思います。
　基本的には幼稚園、保育園の二つの施設に決定的な違いはないという視点から、ゼロ歳から就学前の乳幼児期を、一貫性のある保育カリキュラムを作成して、村の乳幼児保育・教育をよりいっそう充実させることを共通認識としました。
　こどもセンターとしてめざす子ども像は、保護者の意見も反映させ、園と保護者の願いをあげました。
　指導計画は、活動領域ごとに担当者を決め、今までの経験からなるべく具体的活動を記載した案を提案してもらい、検討しました。センターの発足時点では、必ずしも十分な討議が

できなかったことが反省点としてあげられますが、今後この指導計画を実践しながらより内容の充実を図っていくことにしました。現在、保育計画の見直しをおこなっています。

また、子育て支援センターの機能は、住民アンケートの「就学前の保護者からの要望」と次世代育成支援計画を参考にして、①在宅の子どもの育児支援、②交流事業、③育児相談、④子育てサークル支援活動を事業とするということで検討しました。

2 こどもセンターの運営

幼稚園、保育園、子育て支援センターを合築施設にしたさめがわこどもセンターの運営状況を次に紹介します。

❶ こどもセンターの概要

□**入園定数と入園児童数**
・保育園の定員　120人
・幼稚園の定員　 60人
・　　計　　　　180人
・入園児数

年齢		0歳	1歳	2歳	3歳	4歳	5歳	計
園児数	保育園	2人	7人	25人	35人	31人	―	100人
	幼稚園	―	―	―	―	―	32人	32人

　註3）2007年5月1日現在。
　註4）5歳児は、全員、幼稚園児です。

□**対象年齢**
・保育園　0歳から4歳児
・幼稚園　5歳児（1年保育）

□**保育時間と保育日数**
・保育園
　　保育時間　午前7時から午後6時30分
　　保育日数　概ね295日

休業日　　年末年始、日曜日、祝祭日
　　　特別保育　延長保育、障がい児保育、乳児保育
・幼稚園
　　　保育時間　午前8時から午後3時30分
　　　保育日数　概ね203日
　　　休業日　　夏季休業、年末年始を含む冬季休業、年度末休業、土・日曜日、祝祭日
　　　特別保育　預かり保育
　　①預かり日　日曜日、祝祭日、年末年始以外の日
　　②預かり時間　平日　午前7時から午前8時、午後3時30分から午後6時30分
　　　　　　　　　長期休み期間（月から土）午前7時から午後6時30分
　　③預かり料　　平日　2,000円／月額
　　　　　　　　　長期休み期間　2,000円＋1日200円＋給食1日200円

□**保育料・授業料**

保育園保育料

階　層	国の基準（円）		鮫川村の基準（円）	
	3歳未満	3歳以上	3歳未満	3歳以上
1階層	0	0	0	0
2階層	9,000	6,000	2,100	1,500
3階層	19,500	16,500	7,100	4,800
4階層			8,600	6,000
5階層	30,000	27,000	12,600	10,400
6階層			14,600	12,400
7階層			20,600	18,400
8階層	44,500	41,500	25,600	23,400
9階層	88,000	77,000	28,600	26,400
10階層			36,600	

＊同一世帯から2名以上が同時入園した場合や、幼稚園に兄・姉がいる場合や、多子世帯に対する保育料軽減制度があります。

幼稚園授業料と給食費

入園料　1,000円　月額授業料　4,000円

給食費　年39,600円（200円×198日）

＊所得税額により授業料を減免する制度があります。

＊多子世帯の軽減制度もあります。

□**職員構成**

職名	人　数		職員の身分			備考
	専任	兼務・併任	正職員	嘱託職員	臨時職員	
施設長	1名		1名			
保育園長		1名	(1)名			施設長が兼務
幼稚園長		1名	(1)名			施設長が兼務
事務長	1名		1名			
副園長	1名		1名			
保育士	12名		7名	1名	4名	
幼稚園教頭	1名		1名			
同　教諭	2名		2名			
栄養士		1名	(1)名			
調理員	3名		2名	1名		
運転手	3名			3名		
計	24名	3名	15名	5名	4名	

□勤務体制

	勤務種別	人数	勤務時間
平日	早早番	2名	7時00分から15時45分
	早番	1名	7時45分から16時30分
	中番A	1名	8時00分から16時45分
	中番B	1名	8時15分から17時00分
	平常		8時30分から17時15分
	遅番	1名	9時00分から17時45分
	遅遅番	2名	9時45分から18時30分
土曜日	早早番	2名	7時00分から12時00分（7時から8時は超過勤務）
	平常		8時30分から12時30分
	一日勤務	3名	8時30分から17時15分（17時15分以降は超過勤務）

　さめがわこどもセンターの開所時間は、朝の7時から夕方の6時半までです。
　年間の保育日数は、保育園がおおよそ295日、幼稚園がおおよそ203日ですが、幼稚園の子どもは預かり保育希望者を受け入れていますので、保育園と同じ日数の受入が可能です。
　職員は、センター長兼幼稚園長兼保育園長1名、副所長1名、幼稚園教頭1名、事務長1名、保育士及び教諭14名、栄養士（住民福祉課兼務）1名、調理員3名、幼児バス運転手3名です。

□設備

　設備面を紹介します。（建物全体の図面は64・65ページ参照）
　センターの建物は、鉄筋コンクリート造2階建で、延べ床面積は1,619.35㎡（約490坪）です。敷地は、11,861.58㎡（約3,594坪）です。敷地内には、他に小学校のときに使われていた体育館がそのまま残され利用しています。
　1階正面の玄関は、子ども、来所者、職員とも共同して利用できるようになっています。
　玄関を入って左側はガラス張りのランチルームになっており、2階まで吹き抜けになっていることもあり開放的な雰囲気です。
　ランチルームには、村内産の間伐材を利用したテーブルと椅子が並んでいます。テーブルは、一般家庭に近い高さのもので、椅子には子どもたちが足を掛けることができるように工

夫されています。ここでは年少（3歳児）以上の子どもたちが食事をとっています。

一方、玄関右側は小学校のときの事務室をそのままこどもセンターの事務室として利用しており、センター長以下、全職員の机が並んでいます。

事務室の先は保育園のスペースになっていますが、間仕切りで仕切られています。

最初の部屋は元の校長室ですが、現在は0・1歳児のつくし組（2007年4月現在在籍3名）が利用しています。小学校の校舎時代は最も権威のある校長室が乳児組の部屋になっていることは、さめがわこどもセンターを象徴しているようです。つくし組には、午睡室、沐浴室、調乳室のコーナーも設置されています。

続いて、1歳児のすみれ組（同6名）、2歳児のたんぽぽ組（同12名）、ちゅうりっぷ組（同13名）が並んでいます。

それぞれ元の小学校では、低学年の子どもたちが利用していた教室です。各教室は、保育者から出た要望の通り畳のスペースがあり、畳のスペース以外の床はムク材が張られています。また、各部屋はベランダでつながっており、板張りのベランダでも自由に遊ぶことができるようになっています。保育室の向かいは、トイレや洗面台がありますが、設備は幼児仕様に改修されています。

ランチルーム

1歳児クラス

1階ベランダ

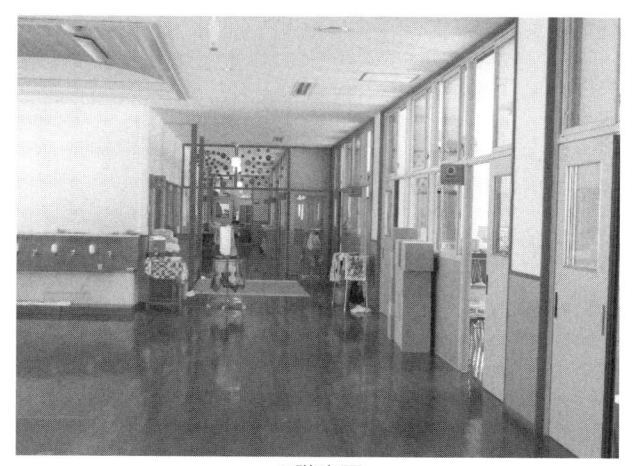

2階廊下

子育て支援室

幼稚園プレールーム

2階に上がってみます。階段に落下防止の手すりをつける、2階のオープンスペース入り口の扉付近はガラス張りにするなど安全面での配慮がなされていますが、元の小学校の校舎が鉄筋コンクリート作りということもあり、階段の段差までの改修はできず、小学生仕様のものをそのまま使っています。

2階は、3、4歳児混合のあやめ組とばら組（同、ともに4歳児15名＋3歳児3名）、3歳児のひまわり組（同15名）とこすもす組（同13名）があり、廊下側はもともとあった図書室を取り払ったため、子どもたちが自由に遊ぶことができるオープンスペースになっています。

年中組の隣は、間仕切りで仕切られており、子育て支援室と幼稚園があります。子育て支援室では、月1回の行事のほかは、お母さんたちが自由に利用できるようになっています。

子育て支援室の先は、幼稚園のスペースで、さくら組、うめ組（同、ともに16名）の部屋と自由に使える畳部屋のプレールームが用意されています。

また、センターの本館と渡り廊下でつながったところに体育館があります。体育館の舞台は、これも保育者からの要望を取り入れ、ゆるやかな階段状の段差がつけられています。

以上の施設は小学校としては小規模といえますが、保育園、幼稚園の基準からすれば国基準をはるかに上回る余

裕あるスペースを確保することができています。

❷ こどもセンターの方針

　前節でも触れましたが、こどもセンターでは、いっしょになる前から村の子どもに対しては、保育園、幼稚園の枠にとらわれず同じ保育方針で臨むということで両施設が協力して実践を積み上げ、現在の保育方針を確立してきました。
　現在のこどもセンターの保育実践がどのようにすすめられているのか、まずは2007年度9月に改訂した「保育カリキュラム」から保育方針の部分を紹介させていただきます。

□保育方針

＜保育の理念＞
乳幼児期は人間形成の基礎を培う極めて重要な時期であることをふまえる。
　保育にあたっては、乳幼児との信頼関係を充分に築き、子どもの人権や主体性を尊重し、乳幼児の最善の幸福のため、保護者や地域社会と力を合わせ、乳幼児の心身の発達と福祉を積極的に増進する。
　あわせて家庭や地域における教育力を活用し、いっしょになって幼児教育を推進する。
　なお、職員は豊かな愛情をもって接し、よりよい保育環境を創造して、乳幼児の健やかな発達と処遇向上のため知識の習得と技術の向上に努める。また、家庭援助のためにつねに社会性と良識に磨きをかけ相互に啓発する。

＜保育運営の方針＞
1．子どもや家庭に対してわけへだてなくよりそい、すべての子どものなかにある可能性を見つけ出し、保育の専門家として、それを導く保育をおこなう。
2．人権を尊重しプライバシーを保護する。
3．「子どもにとって意味のある生活」をともに作り出すため、子どもの活動の底にあるステキな興味関心

夏のプール遊び

を発見・理解しようとして子どもにかかわる。
4．子どもの最善の幸福を願うために保護者から意見や要望があれば真摯に傾聴し、不明なところがあれば丁寧に説明して、公共施設としての社会的責任を果たす。
5．両職員は仲良く、共に幼保一体的運営の長所を生かす保育を展開し、常によりよい保育実践のために努力研鑽する。
6．保育は子どもの今と未来をつなぐ仕事なので、保育者は常に生き生きと明るい態度で仕事に向かう。

<保育目標>

◎心身ともに健康で、主体性を持って意欲的にやろうとする態度を養い、豊かな自然と地域社会にふれながら、心豊かで創造性ある子どもに育てる。
  ○　元気な子ども
  ○　やさしい子ども
  ○　考える子ども

<めざす子ども像>
1．健康で明るくたくましい子ども
2．生きいきと意欲をもって活動できる子ども
3．自分のことは、自分でする子ども
4．友だちと仲良く遊べる子ども
5．思いやりのある、心のやさしい子ども
6．よく見て、よく聞いて、よく考える子ども
7．考えをのびのび表現できる子ども
8．自然に喜んで親しむ子ども

<就学前児童重点目標>
1．基本的な生活習慣を身につけ、自分のことは自分でする子どもを育てる。
2．話をよく聞き、自分の考えや経験したことや感じたことがらを言葉で表現できる子どもを育てる。
3．体を十分に動かして、友だちといっしょに元気で遊べる子どもを育てる。
4．動植物をいたわり、友だちの気持ちを思いやれる、心のやさしい子どもを育てる。
5．いろいろなことに興味や関心を持ち、遊びを工夫し、積極的に遊べる子どもを育てる。
6．豊かな人間性をもった子どもを育成する。

<本年度の努力目標>
1．園の保育目標を認識し、保育計画の充実と指導法の研究に努める。
2．一体化施設のシステムを生かし、円滑に施設の共用化や職員の共有化をはかり充実させる。
3．基本的な生活習慣を理解し、実践する中で「しなければならないこと」、「してはいけないこと」を繰り返し体験できる活動を展開するよう努める。
4．個々の能力、発達段階を踏まえ、自分のことは自分ですることにより、行動への自信を深め、満足感、充実感の味わえる活動を展開するよう努める。
5．集団生活を営むための約束事の必要性と、これを守ることの必要性を理解し、実践できる活動を展開するように努める。
6．他人の話を忍耐強く聞ける力や何をどのようにすればよいのかを判断できる力が身につく活動を展開するように努める。
7．系統的に課業計画を実践し、文字、数字、音楽、絵画等への興味や関心を高め、就学時の学習につながるような活動展開するように努める。

<保育カリキュラム編成方針>
1．幼児らしさ、幼児にふさわしい、乳幼児の発達や特性にあった活動ができるよう環境を構成する。
2．遊びを中心とした生活を通して、幼児一人ひとりがのびのびと活動できるような「ねらい」と「内容」を編成する。
3．幼児一人ひとりの興味や関心に基づく主体的な活動を通し、経験によって充実感や満足感が味わえる環境を構成する。
4．保育目標（子ども像）を体現するような子どもの力を、「生きる力」を（健康と生活）に、「わかる力」を（文化・創造）に分けた枠作りにしてあるので、できるだけ実際活動に即した計画立案にする。

お正月ゲーム大会・びゅんびゅんごま

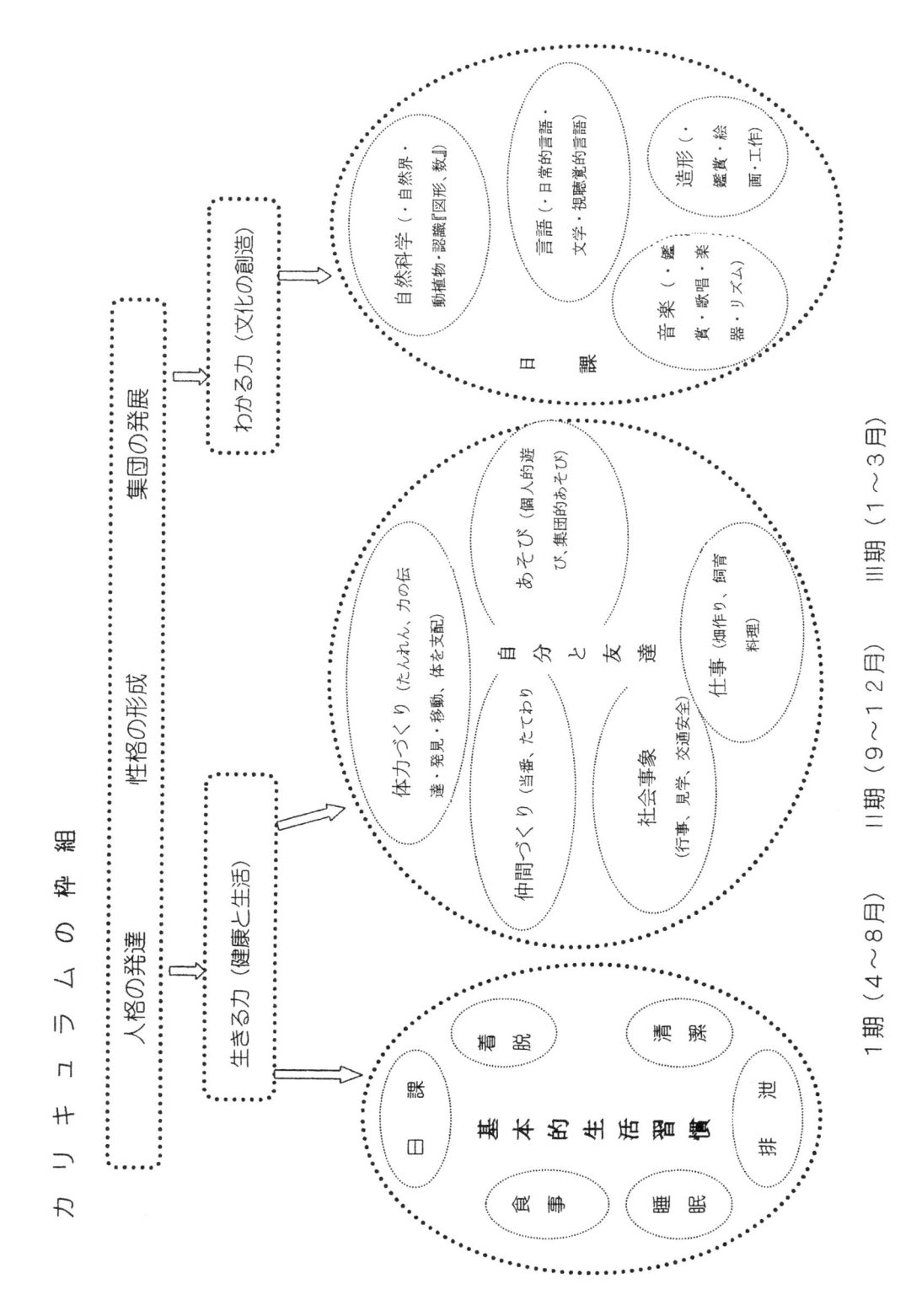

カリキュラムの枠組

人格の発達　性格の形成　集団の発展

生きる力（健康と生活） → 基本的生活習慣
- 日課
- 着脱
- 清潔
- 排泄
- 睡眠
- 食事

→ 自分と友達
- 体力づくり（たんけん、力の伝達・発見、移動、体を支配）
- 仲間づくり（当番、たてわり）
- あそび（個人的あそび、集団的あそび、視聴覚的あそび）
- 社会事象（行事、見学、交通安全）
- 仕事（畑作り、飼育、料理）

わかる力（文化の創造） → 日課
- 自然科学（・自然界・動植物・認識『図形、数』）
- 言語（・日常的言語・文字・視聴覚的言語）
- 造形（・鑑賞・絵画・工作）
- 音楽（・鑑賞・歌唱・楽器・リズム）

Ⅰ期（4～8月）　Ⅱ期（9～12月）　Ⅲ期（1～3月）

保育心得

1. いつも安定した気持ち、明るい笑顔で子どもたちに分け隔てなく接する。
2. いかなる理由があっても、体罰は禁止する。また、他の子どもの前で辱めるようなことのないようにしっかりとした倫理観をもって保育にあたる。
3. 特別な配慮を必要とする子ども（家庭に問題のある子ども、病気、アレルギーの子ども、障がいのある子ども等）については毎日の観察を怠らず、小さい変化も見逃さないようにする。
4. 家庭での虐待などの兆しが見られる場合はただちに上司に報告し観察と記録をする（体に不自然な傷がある、ネグレクトの疑いがある、情緒不安定等）。
5. 異文化の中で育った親子等へは、異文化の生活習慣を理解する努力をし、子どもが安定した園生活が送れるよう援助する。とくに子どもの人権に十分配慮することがたいせつである。
6. 病欠後の子どもには、とくに健康観察（顔色、食欲、活動）を行い園生活で無理させず、その子の状況によって十分休養させるよう配慮し、その日のようすを家庭に知らせる。
7. 3日以上連絡がなく欠席した場合は、担任が連絡をし、状況を把握する。
8. 園、クラスだよりを発行し、園やクラスのようすを保護者に伝え、保育への理解や関心を深める。

さめがわこどもセンター園歌

作詞　武川　暁（ぎょう）
作曲　タケカワユキヒデ

1. きれいな花と
   やさしい光に
   いつもつつまれる
   さめがわこどもセンター
   新しい
   毎日が始まる

2. 大きな声で
   歌えば元気と
   仲間になれるさ
   さめがわこどもセンター
   明るい
   笑顔が溢れる

3. 青い空に
   向かってまっすぐ
   のびる木のように
   さめがわこどもセンター
   輝く
   明日に進んでいく
   輝く
   明日に進んでいく

さめがわこどもセンター（西野小学校改修）

所　在　地―福島県東白川郡鮫川村大字赤坂西野字酒垂3-3

主要用途―改修前―小学校、改修後―幼稚園・保育園（児童福祉施設）

建　　　主―鮫川村

階　　　数―地上2階

構　　　造―RC造　一部鉄骨造

面　　　積―敷地面積　11,861.58㎡

　　　　　　建築面積　　1,066.13㎡

　　　　　　延床面積　　1,619.35㎡

小　学　校

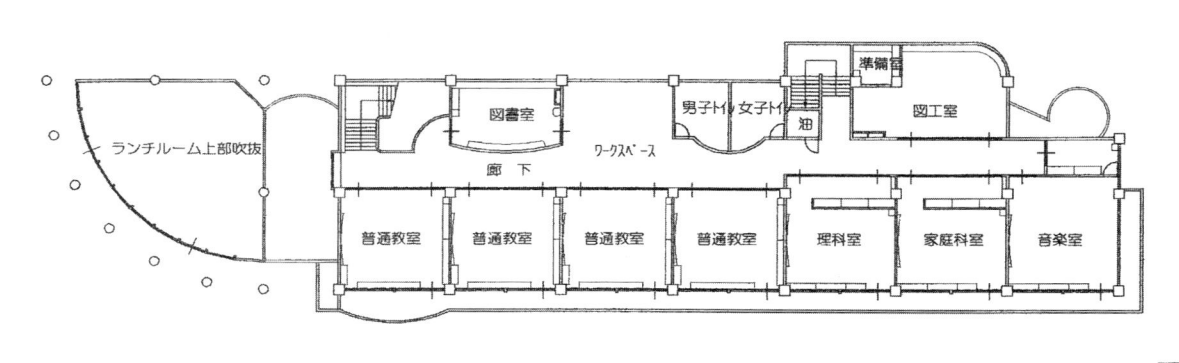

改修前　2階平面図

改修前

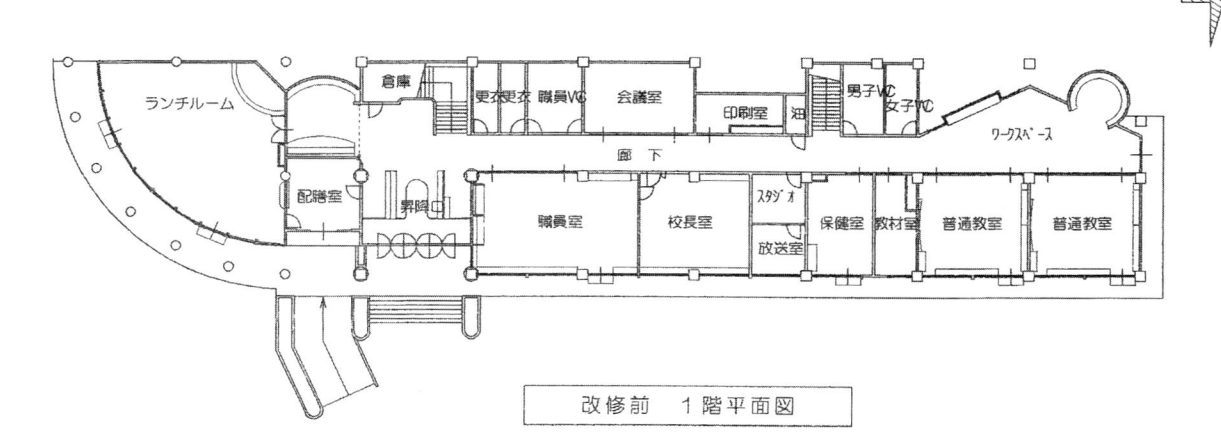

改修前　1階平面図

Chapter ❸ "幼保一元"の保育づくり

計画クラス数― 小学校 6 ―改修→ 幼 稚 園 2
　　　　　　　　　　　　　　　子育て支援室 1
　　　　　　　　　　　　　　　保 育 園 8

設計・監理―有限会社　辺見美津男設計室
施　　　工―藤田建設工業株式会社
工　　　期―２００４年８月〜２００５年１月
工　事　費―６１，０９１，０００円

さめがわこどもセンター（幼稚園・保育園）

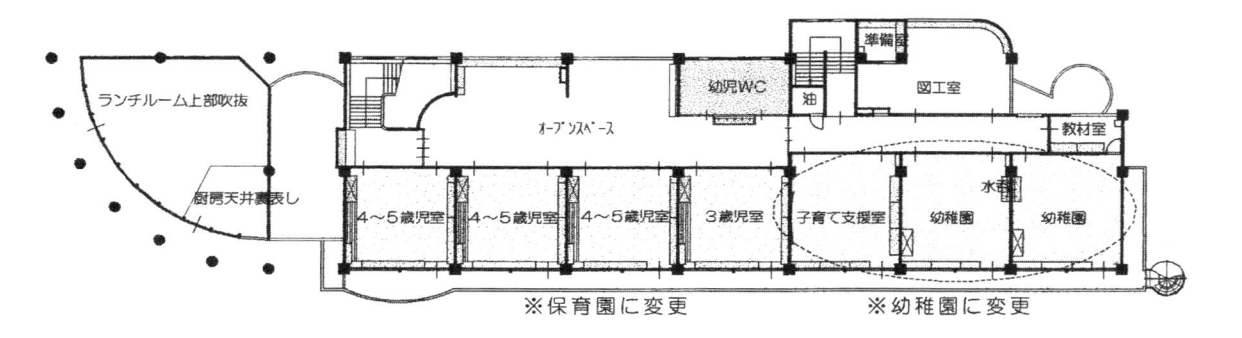

改修後　２階平面図

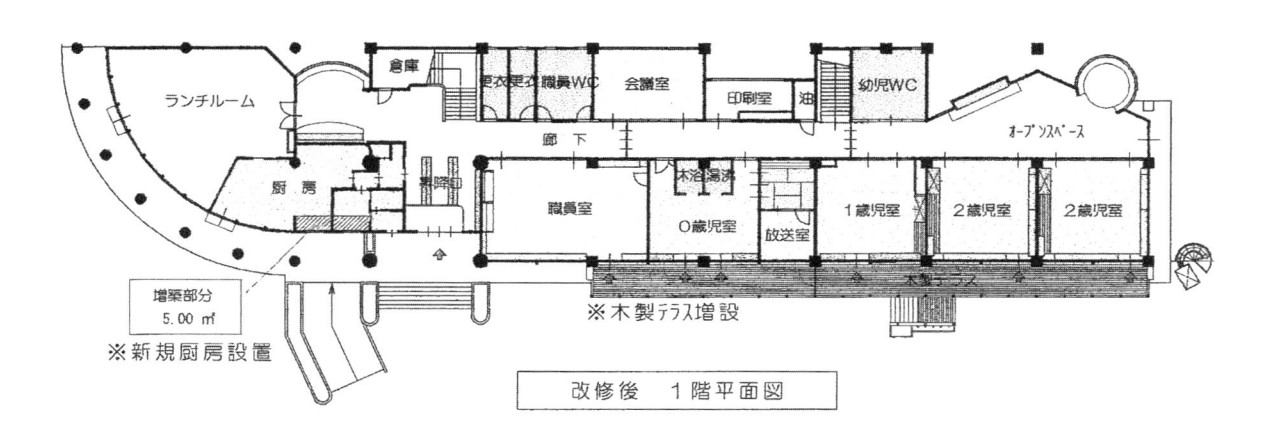

改修後　１階平面図

65

□ センターの1日

	保育園		幼稚園
7時～	順次登園、健康視診、所持品始末	7時～	預かり保育
8時30分～	3歳未満児は基本的習慣と好きな遊び、3歳以上児は課題遊び（9時30分～3歳未満児はおやつ）	8時00分～	好きな遊び・クラス活動
11時15分～	食事の準備、食事、片づけ、歯みがき	11時30分～	食事の準備、食事、片づけ、歯みがき
12時30分～	絵本タイム、午睡	12時30分～	室内あそび・クラス活動
14時30分～	目ざめ、身仕度、おやつ	14時30分～	おやつ・降園準備
15時～	好きな遊び、健康視診、順次降園	15時30分～	降園・預かり保育
18時30分	閉園	18時30分	閉園

　次にセンターの一日を紹介しましょう。

　朝7時、こどもセンターの玄関が開けられ、預かり保育の開始です。子どもたちは保護者に送られて、少しずつ増えていきます。やがて3台の送迎バスと2台のライトバンが村の全域から子どもたちを送ってくると、午前8時半からクラス活動が始まります。幼稚園児は幼稚園スペース、保育園児は保育園スペースで遊びます。

　昼食は、3歳未満の子どもたちは各保育室で食べますが、年少、年中の保育園児と幼稚園の子どもたちは、ランチルームでとります。

　昼食後は、保育園の子どもたちはお昼寝タイムです。幼稚園の子どもたちは体育館を使うなどしてクラス活動をおこないます。

　午後2時半からおやつを食べ、帰宅の準備などをして、午後3時に幼児送迎バスが出るので降園です。幼稚園の預かり保育の子どもたちは、幼稚園児が5人程度になったら保育園の子どもたちといっしょに2階の保育室で遊び、午後6時半、今日一日のセンターの活動がすべて終わります。

□　こどもセンターの年間行事

　こどもセンターでおこなわれている季節の行事から、いくつかの行事を紹介します。

○ 素朴な味わいを楽しむだんごつくり

食育の一環として実施する行事です。4月、草の芽が出る頃に、幼稚園児が散歩に行きながら、畑の土手からよもぎを摘み取ってきます。それを冷凍庫に入れておきます。6月のだんごつくりの日は、前日から爪を切りそろえ楽しみにしています。練り上げただんごの材料を手にのせてもらい、「まーるくなーれ、まーるくなーれ」と言いながらだんごをまるめてつくります。それを、あんこやきな粉にまぶして昼食に食べます。自分で作ったものなので、素朴な味ではありますが、子どもたちには大人気。お代りも大盛況です。

月	行 事 内 容
4月	入園式、親子遠足
5月	子どもの日の集い、いちご狩り
6月	よもぎだんごづくり、保育参観デー
7月	夏まつり花火大会、お泊り保育
8月	
9月	お月見だんごづくり、親子運動会
10月	りんご狩り、いもほり、焼き芋会
11月	保育参観デー、人形劇を観る会
12月	お遊戯会、サンタさんが来る日
1月	小正月だんごさし、お正月ゲーム大会
2月	節分、買い物ごっこ
3月	ひなまつり、お別れ会、卒園式

○ 家族参加の親子運動会

園庭が広いのでトラックは大人用と子ども用を重ねて作ることができます。そこで、親子競技のほかに父母や祖父母、小学生の種目もおこなわれます。

『母さん、がんばれ！』はお母さんだけの種目です。小さい子どもたちにとっては、お母さんのがんばる姿に、親から離された気持ちを忘れ、保育者の拍手に誘われてお母さんを応援するようになります。運動会の楽しい雰囲気が伝わり、泣いていた自分たちも一生懸命しようという気持ちになるようです。

圧巻は『父さん、負けるな』のお父さんたちのリレーです。ふだんお父さん同士がいっしょになることはあまりありません。集合の時、同級生だったり、同じ会社だったりで盛りあがります。整列している時には、「ゆっくり走ろうな」と言い合っているのですが、いざ本番になると、大人用のトラックを大またでドッスン、ドッスンと猛スピードで走る姿に、子どもたちは圧倒され、お父さんをとても頼もしく思えるようです。会場に大歓声がこだまするひとときです。

○　小正月だんごさし

　小正月に「無病息災、家内安全」を願って、地区の老人会に指導していただきながらひらくのが「だんごさし」の行事です。赤い枝の「みずの木」を山から取ってくることから始めます。当日は体育館に2体の臼を準備。その周りに幼稚園児が豆絞りのねじりハチマキをして、千本杵で餅をつきます。

　保育園児は餅がつきあがるのを「♪ぺったら、ぺったら、もちつけもちつけ、ぺったらこ……」と歌で応援します。お餅がつきあがったら、おじいちゃんやおばあちゃんたちに「だんごさしの由来」を聞いたり、「おてだま」「なぞかけ」などをして楽しみます。餅がある程度さめたら、おばあちゃんたちに飾り餅に切ってもらってみずの木に飾ります。最後に大黒様やたわら、魚など色とりどりのせんべいを飾って

小正月だんごさし

出来上がり。体育館や自分の部屋に飾ります。だんごさしが完成すると、汁餅、あんこ餅にして会食です。残ったお餅は、後日から揚げにして、お醤油やお塩をかけておやつに食べます。

○保育参観デーに講話

　保育参観デーは3日間実施します。この3日間とも同じ講師により、講話をおこなっています。幼稚園・保育園ともつごうのよい日に家族のどなたが来てもよいことになっています。いつも参観には父母はもちろん、祖父母の方も大勢来られます。それで、この機会をいかし、今、家庭の教育力の低下が言われている折でもあり、講話を聞く時間を45分間とっています。今年は、地元在住の元教諭で教育委員をなさっている阿久津文男先生に「子育て・年寄りのよまいごと」と題して話していただきました。保護者は106名なのですが、参加者は3日間で196名でした。家庭でのしつけについて考え、家族間で子育てについて共通の認識を持てるようになるのを期待する取り組みです。

❸　こどもセンターの運営

　保育園は村長部局、幼稚園は教育委員会と行政の担当部署は基本的には分かれていますが、職務を一体にし、役割分担しながらこどもセンターとして運営をすすめています。セン

ター長は、保育園長と幼稚園長を兼務しており、補佐として副園長がついています。この他に、幼稚園には教頭が配置されています。

　保育園と幼稚園の職員がいっしょに仕事をするうえでは、職員の自覚がたいへん重要です。統一した保育方針に基づき、職員室もいっしょに机を並べるとともに、ほとんどの職員が幼稚園教諭免許と保育士の資格を取得していることを生かし、幼稚園の預かり保育や保育園の延長保育には、ローテーションで双方の職員が参加するようになっています。

　職員会議もいっしょにおこない、必要に応じて年齢別会議を開いています。

　園だよりは、幼稚園、保育園合わせて一つの園だよりとしており、お知らせのみ、必要により別々に出しています。

　クラスだよりは、年齢ごとの担任同士で発行日を決めて発行しています。

　行事については、幼児教育検討委員会で幼保一体的運営を検討した時、幼稚園の行事と保育園の行事をすり合わせて、検討されています。二つの保育所と幼稚園の行事や力を入れている取り組みなどを出し合い、3施設の良い面を取り入れて決めていきました。

　幼稚園単独の行事は、「お泊り保育」と小学校入学に向けて、児童の課題を保護者と共有しておきたいという理由で幼稚園のみ「保育参観日」を追加しているだけです。

　その他は、すべて保育園と同じ行事です。もちろん、行事はその年齢に応じた手法や参加方法をとっています。

　たとえば、いちご狩りは、1・2歳児、3・4歳児、5歳児（幼稚園の子ども）と実施する日を変え、5歳児はお弁当を持っていちご狩りとともに、ふだんの保育では行きにくい公園を散歩しています。お正月のゲーム大会は1・2・3歳児と4・5歳児のグループに分かれておこなうなど、年齢や発達に応じてアレンジを加えています。

　また、実施する中で行事の持ち方そのものを変えたのもあります。お遊戯会です。1・2歳児はクラスでの発表と触れ合い遊び、3・4・5歳児は舞台での発表にしました。

❹　保護者会活動

　保護者会も、保育園と幼稚園は一本化しています。保護者会の会長は、幼稚園在籍の保護者の方、副会長の一人は来年幼稚園に在籍する方で、もう一人は保育園でも幼稚園でもよいという形で保護者会を組織しています。

　保護者会会費はお子さん一人の場合は2,500円、2人の場合は4,000円、3人の場合は6,000円と会員さんの互助精神が表れています。いちご狩りやりんご狩りの入園料、夏祭りの夜店やお泊り保育の経費、運動会のご褒美、クリスマスプレゼント、記念写真代などがおもな支出先です。

保護者会の役員さんには行事の時たいへんお世話になります。夏祭り花火大会の時には、会場の装飾や夜店の準備です。とくに花火を工夫して組み合わせて打ち上げる花火師の役は好んでしてくださいます。親子運動会では、準備係として競技用具の出し入れをはじめ、召集係、審判係と運営の中心的な役割を担ってくださっています。保護者役員のみなさんのご協力がなければ大きな行事は楽しめません。

❺　送迎

　統廃合により設備などは充実しましたが、村内で１ヵ所しかない保育施設ということで、送迎問題は避けて通れませんでした。幼児送迎バス３台とライトバン２台が、村内一円に運行されています。
　１ヵ所に統廃合すると、センターから最も遠い子どもは、片道60分ほどバスに乗らなければならなくなります。当然、遠い地区のみなさんからは、乗車時間が長くなるという問題が指摘されましたが、各地区にバス停を設置するのではなく、各家庭の玄関先まで送り迎えをするということで了承してもらいました。バスを利用する子どもたちは、自宅の入口で乗り降りできますので、曽祖父母たちでも、バスまでの送迎はだいじょうぶなようになっています。なかには、朝は送迎バスを利用し、帰りはお迎えに来るなど、保護者のつごうによりじょうずに利用されている方もいます。送迎バスは歩行が確立すれば利用することができます。約半数の子どもたちが利用しています。
　なお、添乗員さんの賃金として、送迎バスの利用料月額2,500円を徴収しています。

❻　給食

　さめがわこどもセンターの特色のひとつに給食があります。
　給食は、幼稚園児も含めてすべての子どもに提供されています。前述の通り、完全給食は私たち保育者が絶対にはずすことができないとこだわった結果実現したものです。給食は、事務員兼務の栄養士が献立を作成し、３名の調理員がランチルームに隣接した厨房で調理しています。
　給食費は、３歳以上の子どもは１食あたり200円の単価で作られていますが、保育園の子どもは無料（保育単価に含まれている）で、幼稚園に通う子どものみ年39,600円（200円×給食日数、平成19年度は198日）の負担となっています。
　ランチルームで食べるのは、３歳児からですが、テーブルと椅子は、足掛け台があるものの高さは大人仕様です。

メニューは、野菜中心で組んでいますが、家では野菜をあまり食べなかった子どもも、入所後しばらくすると偏食はなくなります。ご飯は各自持参しています。栄養士、調理員合わせると4名いますので、ご飯を提供する余裕はあると思われるでしょうが、保護者の方の声は、「どこの家庭でもお米を作っているので、ご飯くらい持参してもよい」とのことです。持参したご飯は、加熱器で温められてから出されます。

　食材は、村の即売所である「手・まめ・館」の豆類や野菜、肉、その他の食材は地元の商店から購入し、村内産を基本においています。そのため食材の確保では、ジャガイモを例にとると、メークインと男爵が混ざるなどの問題がありますが、生産者が見えており、安全で安心な食材が確保できています。

　さめがわこどもセンターの給食の食材でもっとも特徴あるのが豆腐です。

　鮫川村では、過疎の村の生き残りをかけて、「豆で達者な村づくり」をキャッチフレーズに高齢者を対象に大豆作りを奨励しています。豆は、福島県が開発した「ふくいぶき」という品種で、イソフラボンが通常の大豆の1.5倍含まれています。

　生産された大豆は、前述の「手・まめ・館」内にある加工場で豆腐や味噌などに製品化されています。こどもセンターに届けられる豆腐も、このようにして生産されたもので、一丁150円と決して安くはありませんが、豆のかおりがするたいへんおいしいものです。なによりも子どもたちのおじいちゃんやおばあちゃんが作った豆腐や味噌を食べられるというのは、最高のぜいたくといえます。

　できる限り村内で食材を確保していますが、食材の量や公平に購入することをどう確保するのかという問題もあり、個別農家からの購入はおこなっていません。ただ、村の人が野菜を持ってきてくれることはあります。

　年齢により、当然ながらおかずの量は調整していますが、残菜はほとんど出ません。職員も含めると、160食近い食事ですが、毎回お茶碗一杯分も出ないのです。

　なお、野菜をもりもり食べる子どもたちですが、小学校に行くと偏食する子も出てくるそうです。小学校は、センター方式の給食という違いがあるのでしょうか。

さめがわこどもセンターのレシピ

カジキのじゅうねん（えごま）フライ

作り方
①カジキまぐろに塩、こしょうをまぶしておく。
②小麦粉にじゅうねんを混ぜる。①をまぶす。
③卵、パン粉の順に衣をつける。
④フライパンに油を入れて、揚げる。

材料〔1人分〕
カジキまぐろ　　30ｇ　　じゅうねん（炒り）　2ｇ
卵　2ｇ　小麦粉　4ｇ
パン粉　　5ｇ　塩、こしょう　少々
油　　7cc

切干大根炒め

作り方
①切干し大根を水で戻し、洗う。
②ニンジン、さつま揚げは千切り。インゲンはゆでてから斜め切りにする。
③鍋に、油を少量入れ、鶏肉、ニンジン、切干し大根を炒め、みりん、醤油を入れる。
次にさつま揚げ、大豆を入れて味をしみ込ませる。仕上げにゆでたインゲンを入れる。

材　料（1人分）
切干し大根　　　　　3ｇ　ニンジン　　　　　5ｇ
インゲン　　　　　　3ｇ　大豆（水煮）　　　3ｇ
さつま揚げ　　　　　3ｇ　鶏むね肉　　　　　5ｇ
油　少々　醤油　適宜　みりん　少々

おからオムレツ

作り方
①ベーコン、じゃがいも、玉ねぎ、ニンジン、ほうれん草は1cmくらいの千切りにする。
②じゃがいも、玉ねぎ、ほうれん草、ニンジンは茹でる。
③卵を溶き、ベーコン、おからと②の材料を混ぜ、塩、こしょう、コンソメで味を整える。
④フライパンに③を入れ、両面を焼く。

材　料（1人分）
卵　　　　　　　　25ｇ　おから　　　　　5ｇ
ベーコン　　　　　5ｇ　じゃがいも　　　10ｇ
玉ねぎ　　　　　　5ｇ　ニンジン　　　　3ｇ
ほうれんそう　　　3ｇ　塩、こしょう　　少々
コンソメ　　　　　少々

豆乳汁

作り方
①ニンジン、大根、じゃがいもはいちょう切り。ねぎは小口切り。
　干ししいたけは荒みじん切り。小松菜は茹でておく。
②鍋に材料を入れ、煮え始めたら豆腐、ねぎ、豆乳、味噌を入れ、
　味を整えて小松菜を入れる。

材料（1人分）
ニンジン	5 g	小松菜	5 g
大根	5 g	味噌	8 g
ねぎ	5 g	木綿豆腐	20 g
干ししいたけ	0.5 g	じゃがいも	10 g
豆乳	5 cc		

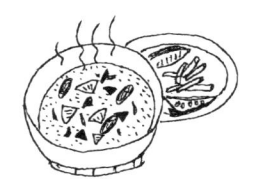

おからサラダ

作り方
①野菜は千切りにし、さっと茹でる。
②おからにマヨネーズを少々混ぜる。
③①②を混ぜ、フレンチドレッシングを作りあえる。

材料（1人分）
大根	10 g	ミズ菜	3 g
玉ねぎ	3 g	人参	5 g
おから	20 g	マヨネーズ	少々

フレンチドレッシング
酢、塩、サラダ油　　少々
　＊旬の野菜を利用してもよい。

栄養士　中川西ミユキ

調理員　金澤久、藤田英子、國井小夜子

カット　鈴木恵美子

❼ 子育て支援

子育て支援センターは、子育て支援事業として在宅の子どもの育児支援、子育てサークルの支援活動、一時預かり保育、育児相談等を実施しており、村内の子育て支援を総合的に担う拠点として活用されています。

保護者に対する対応もきめ細かくおこなっているさめがわこどもセンターですから、子育て支援センターに寄せられる相談も多いのではないかと思われますが、昨年度センターに寄せられた相談は13件でした。内容的には、私たちと話をすれば、相談者の気持ちが落ち着くといった程度のものでした。

私たち保育者集団も各家庭のようすをよく知っていますし、家庭内や夫婦間のもめごとも、すぐに周囲の人が入るので大きな問題になる前に解決するということもあるようです。

やまゆり保育室・やまゆり乳児室は住民福祉課の母子栄養推進事業「さくらんぼ教室」と保育所の保育開放日をいっしょにした活動です。対象者に個人通知や案内チラシを渡して周知しています。月1回程度開催していますが、保育士が必ずつきます。時には専門家の講話を聴いたりしていますが、ふだんは親子・集団遊び、おやつづくり、育児の学習・相談等の活動をおこなっています。

保護者の自主的なグループ活動の「らっこクラブ」には、おもに上の子どもを預けているお母さんたちが下の子どもを連れてきて遊ばせたり、親同士で交流したりしていますが、センターとしては親同士の交流には介入していません。週1回の割合で開かれています。

鮫川村には、36人の外国人登録をされた方が住んでいます。多い順に、中国、フィリピン、タイ人です。外国から来られた方は、ほとんどがお嫁さんとして村内の農家に嫁がれた方たちで、さめがわこどもセンターにも数名の子どもが通っています。生活習慣や文化も違う日本での生活、そして子育てですから当然とまどうこともあるでしょう。今後、こどもセンターとしても支援体制を考えていかなければならなくなるかもしれません。

3 一体化により何が変化したか

一体化後、保育内容などで改善された点がいくつかあります。

①同年齢のクラスが二つずつできたことにより、今までは各職員が我流で実践していた部分もありましたが、互いに刺激しあい、より保育を高めようとする意識が育ってきていること

とです。また、統一カリキュラムの作成や勉強会を重ねることにより、同じ目線で保育ができるようになってきています。

②今まで、保育園は4歳児まででしたが、いっしょになり、幼稚園児（5歳児）の歌を聞いたり、いっしょに歌ったりすることで、それらの歌を覚えるようになるなど保育園児にとってよい刺激になっています。

③施設や職員集団が大きくなったことで、一致協力しないとやれない状況が生まれ、より職員の連帯感が出てきています。

さつま芋掘り

④それぞれの発想や知恵を出し合い、よりよいものを作り上げていこうという意識が以前よりも強くなってきました。

⑤人数が多くなったので役割を分担しておこなうことができ、ある意味では負担は軽減されてきている面があります。反面、決められたことは、忘れずにおこなわないとみんなに迷惑がかかります。また、しっかり自分の役割をこなさなければならない点では一人ひとりの責任や役割は大きくなっています。いい加減さはゆるされない厳しさがあり、それが逆に本気になって事にあたるようになってきています。

逆に、一体化により課題として出てきた点もあります。

①送迎バスのことについては、以前よりも乗車時間が長くなった子どももいます。この点では、添乗員も工夫しながら、バスの中でけっこうおしゃべりをしたりして、子どもたちが楽しく過ごせるようにしています。

②意思の疎通は保育者が増えた分、難しくなりました。連絡事項などは、朝の連絡会で伝えますが全員が参加できるわけではありません。参加できなかった人には、きちんと報告するようにしていますが、週休だったりすると連絡が抜けてしまったりすることもあり、改善が必要です。

③施設、敷地が広くなりましたので、当然のことながら環境整備がたいへんになりました。

④また、県内からだけでなく全国からの視察もあり、対応がたいへんになりました。

以上、克服しなければならない課題も出てきています。また、改善された項目についても、私たちが努力を怠れば、すぐにマイナス面として出てきますので、気を抜くことはできません。

4 センターの今後の課題

　私たちはこれまで、行政と現場との良好な関係の中でここまでやってくることができましたが、この状態がいつまで続けられるかはわかりません。
　4千人ちょっとの人口に「100名近い役場職員は不要。切れるところは現場だ」という風潮が水面下にあり、人員整理の対象として保育園が指摘されています。現に一部の役場職員からは「民間の保育園だと国からの補助が付いている」との声も聞こえてきています。
　また、職員の経験年数も高くなってきています。保育の継承の面でも、きちんとした正規職員の採用が望まれるところですが、低年齢の入園児が増え保育士の補充が必要とされていても、正規職員の雇用はまったくありません。補充はすべて臨時職員の採用で対応しているのが現状です。
　子どもたちが毎日楽しく遊び、確実にいろいろな事を身につけていくことをたいせつにし、保護者に信頼される保育者として、また、安心して利用できる施設として運営を考えていくことがますます大事になると思っています。
　そして、自分たちの意見を反映させて実現できたことに喜びと自信を持ちながら、職員集団がもっと力を高め、みんなで目標に向かってまとまり、さらに子どもたちや保護者のためには何がベストかを常に考え、話し合いながら、これからも一つひとつみんなで確認し合い、学習しながら幼児教育のあり方を考え続けることが課題だと思います。

5 保護者の声

　最後に、親の方々がさめがわこどもセンター実現後の保育をどうみているのかについて紹介します。
　センターでは、2007年1月23日、保護者を対象としたアンケート調査を実施し、保育園は91％、幼稚園は80％という高い回収率を得ました。アンケートでは、「子育てについて不安はありませんか？」の問いに対して、保育園では76％、幼稚園では75％の保護者が「特にない」と回答しています。
　この結果が、こどもセンターの実践が実を結んでいる結果かどうかはわかりませんが、鮫

川村の子育て環境が多くの保護者の方に受け入れられていることは確かだと思います。
　ここでは保護者のみなさんの声を、アンケートの自由記述から紹介します。

【保護者向けアンケートの自由記述より】
□**子どもたちのようすについて**
＜保育園＞
　○一つひとつの行事に取り組む姿が一生懸命でカッコよかったです。
　○どの子ものびのびと行事に参加している。
　○子どもたちのパワーはすごいなあーと思った。
　○よく、挨拶をしてくれる。良いことだと思う。
　○毎日大きな声で遊んでいて圧倒されます。
＜幼稚園＞
　○元気にのびのびしていて、よかったと思う。
　○明るく、のびのびしていた。
　○自分の考えをしっかり持って行動しているなーと感じた。
　○集団の中で、きちんと話を聞けたり、友だちと仲良くできたり……安心しています。
　○ここ鮫川は、子育てには良い環境だと改めて思った。

□**給食について（試食した幼稚園児のお母さんたちのみ）**
　○とてもおいしかった。（多数）
　○バランスのとれた献立で野菜がたくさん食べられて良かったです。
　○おかずが工夫され、栄養バランスも良いなと思いました。野菜の種類がたくさん入っていて良かったです。
　○家の昼食とは、比べ物にならないほどリッチでした。
　○たんぱく質から野菜まで、たくさんの種類が入っていて、とてもおいしい給食でした。栄養バランスがしっかりしていてよかったです。

□**センターに対する感想・要望**
　○保育や子どもたちのことについて、一生懸命勉強してくださる先生方に子どもを預けることができ、とても幸せだと思います。また、悩みごとなどに親切に対応してくださるので、親として励まされることも多くありました。今後ともよろしくお願いします。（保育園）
　○いつもお世話になっています。いつもよくしていただきありがとうございます。私は

今までどおりの鮫川の保育の仕方で良いと思います。他の保育園とは違うのでとても助かります。他の地域のお母さん方の話の中に『いいね　さめがわは』という声もあります。これからもよろしくお願いします。（保育園）
○保育園3年、幼稚園1年と私は安心して預けられました。小学校もこうだといいなと思った。（幼稚園）
○兄弟3人、8年間お世話になりました。たくさんの思い出ができました。ありがとうございました。（幼稚園）
○今までと同じように、たくさんのこどもセンターでの笑顔をたいせつにしていってあげてください。（幼稚園）
○先生の子どもたちに対する接し方にとても好感が持てる。（幼稚園）

　もちろん改善を求める声もたくさん出されています。たとえば、「親とコミュニケーションをとるのはよいが、朝は出勤前で忙しいので少し考えてもらいたい」「こどもセンターの中にだれもが出入りできる状況なので心配しています」など改善しなければならない点や、「朝や帰りに先生方の数が少ないような気がします。子どもたちだけで遊んでいるのは少し気になります」「夕方の保育も1階の子は1階で、2階の子は2階でみてもらいたい」など、現在の職員数ではなかなか解決しない問題提起も出されていますが、保護者のみなさんといっしょになって解決していかなければと思っています。

幼なじみづくりの第一歩

矢吹　直美

　平成16年5月に幼・保一体化の地域説明会がありました。このとき保護者の中ではたいへんとまどいを感じた方もいらっしゃったと感じます。本村は、南北に約30kmとたいへん広範囲に及んでいるため、いままでは、二つの保育所がありました。そのうえ村の中心部ではなく、北西方面の施設を改修し、一つに統合するというのですから、南方面の住民の方は、送迎や緊急時の心配をしたと思います。説明会では送迎については家の前までバスで実施。子どもの緊急時の対応については、保育士が村診療所に子どもを受診させる対応策などを考えているとの回答があった覚えがあります。
　大半の保護者が不安を抱える中、平成17年4月いよいよ開所式。私の娘がはじめての幼稚園児、息子は保育園児となりました。これまでなら、息子と娘は別々の施設に通うことに

なり、入園式も別々に休暇をとっていかなければならなかったと思いますが、この日は親子4人ニコニコでいっしょに入園式に出かけることができました。

やはり一番良かったと思うことは、一度の送迎ですむことでしょうか。朝の忙しいときなどはほんとうに助かります。鮫川幼稚園では預かり保育を園内で実施してくれるので、私ばかりではなく多くの方がこのシステムを利用し、幼稚園児と保育園児を同時に送り迎えしています。

施設はたいへん新しい小学校を改修したということですが、はだし生活の子どもたちにやさしいコルク床なので、私たちもスリッパなどを履かないで2階にお迎えに行ったりしています。あたたかく木のぬくもりの伝わる施設です。

私はいままで、2ヵ所の保育所の運動会に毎年応援に行っていました。こじんまりとした運動会ではありましたがそれでも楽しく参観していました。今では、運動会もお遊戯会もいっしょに1ヵ所で、しかも幼稚園も同時に行なうのですから盛り上がりは3倍いや5倍以上です！　保護者も増え、いつも行事の時はギューギュー状態での応援・参観となっていますが、いままで交流のなかった方とお隣さんに座っていっしょに会話したり、盛り上がったり。「こどもセンター」ばかりでなく、村全体が新鮮に感じたことは多かったと思いますし、村が活気づいた感じがします。

保護者会も一つの組織になり、役員が少数ですむようになりました。これはとても助かっています。

幼稚園と保育園の間には大きな扉があります。この扉の影響は大きく、保育園児は憧れの対象にみているようです。はやく幼稚園に行きたい、大きくなったらあの扉を開けられると思いを育み、かたや幼稚園児は幼稚園児らしく行動してお兄ちゃんお姉ちゃんの自覚を得ているように思えます。いままでになかった年をまたいだ縦の繋がりが強まっているように感じます。たまに、幼稚園児に手をひかれ歩いている小さい子どもたちを見ていると、信頼感・安心感に包まれて園生活を楽しんでいるように感じます。大きい子どもは頼られることにより優越感・責任感を身につけているのかもしれません。子どもの笑顔や安心した態度・大人びた表情をいっしょにみられる施設ですね。

小さい村だから保育園→幼稚園→小学校→中学校といっしょの空間・いっしょの活動が多くなります。だからこそ小さいうちから顔見知りになってしまうのは、いいことだと思うのです。少子化の中で、近い年齢の子が同じ地域にいなかったりすると、昔みたいに「幼なじみ」を作ることは不可能になってしまった本村。私からみると「こどもセンター」は、まるで「幼なじみづくり」の第一歩の空間みたいにみえるのです。（矢吹　怜豊くんのお母さん）

こどもセンターに出会えてよかった

金澤　喜美子

　二人の子どもを、こどもセンターに預けるようになって2年が過ぎようとしています。現在は広域入所として預かっていただいています。

　2年前、産後休暇後、義父母に預かってもらっていましたが、急に義母が体調を崩し、子どもの世話ができなくなってしまいました。地元の役所に行き、相談するものの、「自分たちでみればよいのではないか」という答えに困りはててしまいました。

　そんな時、私の勤務地のさめがわこどもセンターにすがる思いで相談に行きました。私たちの話を真剣に聞いてくださり、入園許可の道を開いてくれました。すばやい対応でした。小さな村であり、財政的にもたいへんと聞いていたのに、対応の早さには驚かされました。すぐに入園することができ、たいへんありがたかったです。

　長女は地元の幼稚園を卒園しました。両施設の保育の仕方や考え方もかなり違いがありました。こどもセンターの良いと感じることは、春夏秋冬、戸外の活動をたいせつにしていることです。園庭で遊ぶ、近くの野山に散歩に行く、畑で野菜づくり、プール遊び、雪あそび・ソリ遊びをたくさん体験させてくれます。また、高齢者とのふれあいをたいせつにしてくれます。食事も食アレルギー児への除去食、五穀米を取り入れていること。テレビ・ビデオ鑑賞がないことも大きな魅力です。クラス便りからも自然とのふれあいや生き物を通して生命のたいせつさ、体づくりや絵本をたいせつにしていることが伝わってきます。子ども一人ひとりがのびのびと生活しているように思います。

　先生方は、子どもへの接し方や私たち保護者への子育てのアドバイスもていねいにしてくれます。とてもすばらしいと思っています。

　さらに、夫婦共働きの私たちにとって助かることは、保育時間や延長時間の対応です。朝7時から夕方6時30分という保育時間はありがたく、感謝しています。少しの残業にも安心です。

　幼稚園の土曜日の件では、アンケートの結果は小人数の希望だったのですが、今年から平日と同じく対応してもらえるようになりました。行政の対応とともに、行政を動かした先生方の力にも感謝です。住民のためとはいえ、先生方の勤務体制に振りかかることなので、なかなかできることではありません。土曜日勤務にあたってもほんとうに安心ですし、子どもたちが楽しく過ごさせていただいています。ありがたいといつも思っています。

　また、こどもセンターは何事にも積極的で挑戦していこうという姿勢があります。だから

> 子どもたちの目が違うのだと思います。
> 　私は、二人の子どもたちがここに入園できたこと、親子ともどもよかったと思っています。小学校に通っている長女は、私もこどもセンターに入りたかったといいます。
> 　これからも、子どもたちが大自然の中でいろいろな経験を積み重ね、たくさんすばらしい思い出ができるようお願いします。そして、私も子どもとともに、親として少しでも成長していけるように頑張りたいと思っています。
> 　こどもセンターに出会えてほんとうによかったです‼
> 　　　　　　　　　　　　　　　　　　（金澤裕太くん、杏美ちゃんのお母さん）

6　スタッフの声

　限られた村の財政のもとで保育の質を確保することは容易なことではありません。さめがわこどもセンターを支えているのは、当然のことながら現場のスタッフです。現場の保育士、幼稚園教諭、給食関係の職員がどのような思いでセンター化を実現させ、また、日々子どもたちとかかわっているのかについて紹介します。なお、紹介はアイウエオ順としました。

子どもたちの輝きが増した幼保一体化施設

保育園　保育士　赤坂　京子

　村の幼稚園は2クラスで5歳児だけの保育でした。ふだん行事をするにはあまり感じなかったのですが、子どもたちの成長のステップとなる大きな行事、運動会とか生活発表会の時はもっと子どもたちの人数が多かったらいいなーと思っていました。

　たとえば運動会では、保護者の種目も入れるのですが、順番がすぐに回ってきてとても忙しかったのです。練習の時も見るお友だちが少なく声援もいまひとつといった感じでした。生活発表会は、予行練習のときに保育園の3・4歳児たちにお客様になって観客席に座ってもらい、本番の雰囲気を出しておこなってきました。センター化により、子どもの数が増え、行事も活気が出てきました。

　幼稚園と保育園が一体化になって、初めは、職員4人から23人になるということで職員の調和がとれるのか、連絡がうまくいくのかなど、不安な気持ちはありました。

　でも、役割を分担し、担当になったことはしっかり責任をもっておこなうこと、時にはみんなに協力をしていただいたりして力を合わせることにより乗り切れました。

いっしょになったことにより、5歳児としての自覚が育ち、いろいろなことを張り切ってしている姿を頼もしく思います。

これからも手と手をつないで

保育園　保育士　遠藤　サト子

　鮫川保育所の老朽化をきっかけに、幼児教育検討会を立ち上げ何度も話し合いをし、たいへんでしたが、廃校は、乳幼児が生活しやすいように、現場職員の声を大いに生かされたすてきな保育向きの部屋やトイレに変わり、解放的な雰囲気の緑豊かな高台に、村内全域の子どもたちが集まる「さめがわこどもセンター」を生み出しました。

　こどもセンターには村内の子どもたちが集まって大勢になりました。「少人数の施設から行く子どもたちはとまどわないか……」、「多くなる保育士同士のコミュニケーションは……」など、懸念されることもありました。初めの年は子どもも職員も新しい施設での保育のリズムに慣れるまで緊張したものがありましたが、3年目を迎えた今思うことは、やはり大勢になってよかったなーということです。

　たとえばお遊戯会では、小さな施設の時には全員が同日に発表という形をとっていました。0・1・2歳児にとって舞台ですることは無理がありますので、現在は保育参観日にごっこ遊びとして観ていただくことにしています。保育の延長の中でのわが子の姿を観ていただくことができるのでよかったと思います。3・4・5歳児は年齢なりに人前で発表する気持ちも育てなければならないと思いますし、幼稚園児になると、じょうずにやるから見てちょうだいというくらいに発表の楽しさを感じて表現しています。保護者にとっても、年齢ごとの保育の集大成を観れることで、わが子の今の成長ぶりを感じてもらうことができると思います。

　今後も保育の向上のために保育者同士のコミュニケーションをはかり、学習する態度を大事にしていきたいと思います。そして、保育者と保護者とが力を合わせて村内の子どもたちを育てていきたいと思います。

大満足でーす！　今後もゆだんなく無事故を心がけていこう

保育園　副園長　角田　順子

　こどもセンターは、広々としていて、日当たりがよくとても気持ちがよい所です。改修する際に現場の意見を大事に取り入れていただいたので、不便なく充実した保育ができるのでたいへんうれしく思っています。幼稚園児の預かり保育を土曜日も実施しているので、希望する保護者にとっては利用しやすくなってきたと思います。

　行事も試行錯誤しながらみんなで考え3年目になりますが、年齢ごとに無理なく楽しく参加できるようになってきています。運動会での幼稚園児のダイナミックな走り、お遊戯会で

のすばらしい演技は会をおおいに盛り上げてくれています。また、ふだんの生活でも「幼稚園になったらあんなことができるんだ」とか「あんなふうになりたい」と保育園児の憧れになっています。

こどもセンターになって、地域の子育ての拠点としての子育て支援センターも開設しています。毎月開設されている「やまゆり保育室・乳児室」も定着しつつあります。「らっこクラブ」のサークルはお母さんたちの交流の場となり、和気あいあいとした雰囲気の中で進められています。ときには、クッキーづくりなどもおこなわれ、親子で楽しいひとときを過ごしています。

施設管理運営面では、以前の渡瀬保育所長の時は、施設長が施設全般の管理運営はもとより、事務をはじめ時には保育代替等に入るなど、現場にも出ざるを得ないこともありましたが、こどもセンターになってからは、所長・事務長・副園長・教頭で分担して仕事ができるので、とても仕事がしやすくなってきました。

ただ、こどもセンターに来てたいへんだったことは、集中管理システムになっているので、電気関係の苦手な私にとっては、なかなか覚えられず、当初は機械を見ただけでパニックをおこしそうでした。

今後の課題は、こどもセンターはとても広いので、子どもに目配りを怠らないよう、つねに安全を心がけ、それを全体のものにしていくことをさらに気をつけていかなければと思います。

また、職員数が多く、意思疎通がなかなかむずかしいのですが、疑問なことは言葉にする、わからないことは聞くということを基本に今後も努力をしていきたいと思っています。

新施設で子どもたちの成長の一端を担う喜び

こどもセンター　調理員　金澤　久

玄関を入ると木の香りがし、すーっと心和らぐ感じがしました。この香りはどこから……。それは、村の間伐材を利用して作られたテーブルや椅子を設置したランチルームからでした。部屋に入るとテーブル、椅子がとても光り輝き、なんて素敵なんだろうと思ったのが最初に来た時の印象でした。

改修工事で厨房を作る時には、私は給食センター勤務でしたが、厨房の設備や器具類をどうするかについて、話し合いに加えていただきました。狭いスペースの中に基準に添うよう、必要な物をどう配置するかは、同僚の岡崎さんが中心になってまとめてくれました。たいへん苦慮されたとのことでした。

検収室、下処理室、前室、厨房、ロッカー室、収納室、トイレなどが狭いながらも配置されており、前の施設とは比べ物にならないほど整っています。

勤務に就き、子どもたちに接する中、心を込めて作った給食について、ランチルームと厨房の境のカウンターから背のびをして言ってくれる、子どもたちの「おいしかったよ」の一言が心に響き、ついつい力が入ります。
　食育もこんなすばらしい環境のなかでこそ生きてくるのではないかと思います。また、春はよもぎだんごづくり、夏はお泊り保育でのカレーライスづくり、秋はお月見だんごづくりと自分で作る味も格別ではないかと思います。
　この西野の高台の自然豊かな中で、子どもたちの成長の一端を担う喜びを味わいながら、微力でありますが、これからも子どもたちの健やかな成長を願いながら努力していきたいと思います。

小さな村でも最高の保育をめざして

幼稚園　教頭　菊地　朋子

　こどもセンターの長い坂道を息を切らしながら登っていくと、園にお子さんを送り届け、職場に向かう親御さんの顔に次々と会う。笑顔で「いってらっしゃい！」と会釈をかわし、坂を上りきると、とんがり屋根と木のぬくもりを感じさせるテラスが見える。「ああ、ほんとうに夢がかなったんだなぁ」と、もう2年もここに通っているのにしみじみ思うことに少々不思議さを感じます。
　長年考えていたことでしたが、「幼児教育検討会」として具体的に活動が開始されたのは、平成14年1月のことです。ひとりのお母さんの一言が私たちの背中を押してくれました。情勢が急激に変化し、これからいったいどうなるのだろうかと不安を抱えながらも、この地域の子どもたちがすくすくと育ち、若い人たちが安心して子育てができる村を作るのは私たちの仕事、と今まで溜め込んできた力を一気にはきだすように動き出しました。
　鮫川村が私たちの願う自立する村として動き出し、財政的にはほんとうに厳しいけれど人間として豊かに生きていこうという希望が少し見えてきました。
　今考えると、あの時私たちが動き出したことで、これからの鮫川村の幼児教育のあり方としての「幼児教育検討会」案をタイミングよく村に提出することができました。それが今のこどもセンター実現につながっていると思います。
　「限られた財政の中で最高のものを作ろう！」保育者みんなの気持ちだったと思います。毎日の忙しい保育の中で討論し、現場に出向いてはまた討論を繰り返しました。「一体化を実現するのだから念願だった保育カリキュラムも新しく作ろう！」と、今まで買い込でためておいた本を山のように重ねてパソコンと格闘する日々が続きました。たいへんだったけれどあんなに充実した日々を送ったことはなかったように思います。未熟ではあるけれど基礎となるものができ出発できたことはとてもうれしいことでした。

私たちが自治体の職員として後手に回らず、積極的に自分たちの夢を実現できた理由を私は次のように考えます。まず、一つ目は、子どもを愛し、鮫川村を愛するよきリーダーがいたこと。私たちは青砥所長に結集しながら、自分たちの力を十分に出せたと思っています。二つ目に、自治労連の保育部会や福島県保育連絡会に組織されることで、全国の保育運動からたくさん学ぶことができたことです。参加するだけだった「福島県保育・子育てのつどい」を自分たちの手で取り組んだり、「第29回全国合研」の実行委員として福島で成功させることを経験しました。そしてそれが一人ひとりの保育者の自信となり力となって、「どんな小さな村に住んでいても最高の保育を子どもたちに！　鮫川の子どもたちは自分たちの手で守っていこう」という考えになれました。そして、それが親たちに受け入れられ、地域に受け入れられたと思っています。

　学習すればするほど、「もっともっとよい保育を！」と考えますし、課題もたくさん出てきます。

　子育てしにくい今の政策の中で、こどもセンターで生活する子どもたちや働く親御さんたちにもまだまだたくさんの要望があると思います。鮫川村の中だけでは解決できない、どうしようもないこともたくさん出てくると思いますが、これからも私たちにできることをコツコツとやっていきたいと考えています。2007年の「第26回福島県保育・子育てのつどい」は、鮫川村で開催され、のべ451名の参加者を得ることができました。私たちは、自分たちの村でつどいを開催することを夢としていましたが、つどいの成功に自信を持ち、これからの保育実践につなげていきたいと思います。

幼稚園の笑顔　保育園に広がる

保育園　保育士　小針　富子

　幼保一体化施設となり、幼稚園と保育園が年間を通し共通の行事をいっしょにすることでより密な交流ができるようになりました。また、職員数が多くなったことにより役割を分担することができ、職員の意見やアイディアが多く出るようにもなりました。

　子どもたちの中でも、大きい子たちが小さい子の面倒をみようという姿が見られたり、保育園児が幼稚園児の活動に興味や関心を持ちあこがれの存在になったりということがあります。その一つに、幼稚園の行事で2月に行われるお店屋さんごっこがあります。幼稚園児が、牛乳パックや紙粘土・折り紙などでいろいろな種類のおもちゃを作り、保育園の3歳児・4歳児を対象にお店屋さんを開き、幼稚園へ買い物に来てもらいます。幼稚園児は、保育園のお客さんが来るということで、はりきっておもちゃ作りや開店前の保育園へのチラシ配りにでかけたりしていました。また、ふだん幼稚園の部屋には出入りしない保育園児も、この日だけは、幼稚園の部屋に行けるということで、とても楽しみにし、当日も賑やかにお店屋さ

んごっこを楽しんでいました。

　幼稚園の秋の行事、遠足でダチョウを見学し、その時にいただいたダチョウの卵でホットケーキ作りをし、保育園児にも味わってもらったことがあります。「今日ダチョウのたまごでホットケーキ作ったよ」「幼稚園のお友だちが作ったホットケーキ食べたよ」などと園全体の話題にもなっていました。

　一体化施設となったことで、今までよりも交流する機会が増え、子どもたちも私たち職員も幼稚園・保育園の枠を越えてふれあうことができお互いが刺激になっています。また、行事そのもののあり方の再検討や年齢に応じての展開ができ、双方とも負担なく楽しめているようになったと感じます。そして、一人ひとりの子どもたちの発達を全職員が共通理解し、見通しを持って保育することができるようにもなってきたと思います。

視察の方に励まされて

保育園　保育士　佐藤　キヨ子

　視察される方々がお見えになると「いい施設ですね」「すばらしい所ですね」など、おほめのことばをいただきます。私はそのたびに、誇りや自信がもて、施設に負けないようによりよい保育をしていきたいと思います。

　一体化施設になり、行事に対してもみんなの知恵が結集され、年齢にあった行事のもち方ができ、子どもたちにも無理のない参加の仕方でおこなわれていると思っています。

　誕生会は全園児いっしょです。当番の時は、今までより責任感の重さを感じます。大勢の先生方の前で話をしたり、ピアノを弾いたりすることは今までにない緊張感があります。私にとってはとても負担ですが、チャレンジしなければならないこととして、心を決めてやるしかないとがんばっています。まだまだ努力しなければならないことがたくさんあります。いろいろな課題が与えられることで本を開くことも多くなりました。こどもセンターに保管されている本も開く機会がふえてきました。たくさん学ぶ機会を与えられています。

　私は大勢の中で、あーでもない、こーでもないと語り合うことがよりよい保育を考えるうえでたいせつだと思っていますので、こんなにたくさんの先生方と過ごせることをほんとうにうれしく思っています。毎日が楽しいです。

　環境のすばらしい所で、気持ちよく仕事ができることはほんとうに幸せなことです。

子どもたちの育ち・親の思い・わたしたちの夢

幼稚園　教諭　鈴木　恵美子

　幼稚園も保育園も同じ場所で、同じ鮫川村の子どもたちの成長を、保育者全員で気持ちをひとつにして見守りたい……。

それは、長いこと漠然と抱いていた思いでした。しかし、村が自立を決めたのをきっかけに、手を伸ばせばすぐにでも届きそうなところに、その夢は近づいてきたのです。

幼児教育専門委員会のメンバーに加わりましたが、当初私たちが思い描く施設のあり方と、行政側が考えるものとの間には、いくつかのずれがありました。私たちは、新しい施設を設置する位置として、やはり村の中央が好ましいと考えました。土地の買い上げを避けることや増改築にかかる費用を最低限に抑えなければならないこと、廃校になった小学校を村の財産として生かす方法は何かなど、村職員の立場としても葛藤し、話し合いを重ねてきました。

旧西野小学校に場所が決まった後も、何度も現場を見ながら、何をたいせつにすべきかという原点に立って、施設作りの案を練りました。同時におこなった指導カリキュラム作りや年度末の引っ越しなど、どんなに忙しい中でも、新しい施設については、不安よりも、ワクワクする期待のほうを強く抱いていました。

こどもセンターになり、始めは、なかなかつかめなかった行事運営のイメージも、一つ二つとおこなっていくうちに、いろいろなアイデアが出てくるようになりました。

職員が多いのは、細かい部分での意思疎通の難しさもありますが、一人ひとりが自分の仕事に責任を持ち、しっかりおこなえば、ムダも省かれ、負担も軽減されます。

また、保護者の負担についても同じことが言えます。

たとえば、幼稚園独自でおこなっていた「お泊まり保育」は、職員のみでの行事運営には困難があり、保護者会役員に手伝いをお願いしていました。保護者は、朝、子どもたちに昼食を作って持たせ、翌日は日中、迎えに来なければなりませんでした。役員は夕食の片付けや朝食の準備の手伝い、さらに、数名の方には宿泊までお願いしていました。

しかし、一体化してからは、センター内の職員も数名加わることで、十分対応できるようになりました。夜も、以前はホールに全員を寝かせて、不安がる子どもに付き添いながら、全体のようすに気を配り、夜中にトイレに起こしていましたが、保育園の部屋を利用して、少人数ずつ分かれて寝ることで、落ち着き、保育者もある程度の睡眠がとれるようになりました。

子どもたちは、それぞれに不安を抱えながら、朝、大きな荷物を持って登園してきますが、保育園児たちからは、「幼稚園のお友だちだからお泊まりできるんだ」という羨望のまなざしを向けられ、しだいに自信や喜びに変化していきます。

翌日は、夕方からこどもセンター夏祭り花火大会があります。親子が対面して、「一人で泊まれたよ」「お料理作ったよ」と嬉しそうに報告し、「すごいね」「よかったね」と認める姿は、ひとつの体験を親子で共有した喜びにあふれています。夏祭り花火大会でも、そんな幼稚園の子どもたちについて話がされて、参加者全員で成長を喜び合うことができます。

そんな時、私たちの夢が、小さいながらも形になりつつあるような気がしています。

みんなの力・新たな『やる気』で再出発！

保育園　保育士　鈴木　令子

　ゼロ歳～5歳児までの一貫した保育・指導計画の作成には大変苦労しましたが、実践する中、またその実践を見直し再検討するうえでも、大人数になりいろいろな意見が聞けてとても勉強になっています。

　保育者集団が厚みを増し、一つの行事を検討する時も、固定概念にとらわれず、お互いの意見を豊かに交換できるよう話し合われますので、新たな案や考え方に多く触れ、発展させることができていると思います。係り分担もでき、準備や当日の負担が軽減したように思います。

　また、4歳児も、ふだん幼稚園の生活を見ているので、「幼稚園になったらあんなことができる」と、楽しみにできます。

　たとえば「卒園式」には、幼稚園児とその保護者、来賓、職員、そして在園児は、第一部の卒園証書授与式には、3、4歳児が参加し、第二部の歌、ダンス、リズムなどの発表の時には、未満児も参加します。幼稚園児の卒園式でのステキなしっかりした姿を感動とともに目に焼き付けていた保育園の4歳児は、自分たちの修了式には、幼稚園児の預かり保育組が作ったお祝いのコサージュを胸に、とくに練習もしなかったのに、イメージを持って参加し、ステキな姿を小さい子たちや保育者に見せることができました。

　今回、施設の改築でよりよい環境になったこと、なかま（保育者集団）が増えたことなどとてもうれしく心強く思いました。これを期に「がんばろう」「よりよい保育を」と強く思った初心を忘れず、みんなで目標に向かってまとまり、子どもたちや保護者のためには、何がベストかをつねに考え、話し合い、勉強しあい、努力していかなければならないと思います。

　大人数になったので多くを見られますが、逆に見られない部分を作らないようとくに注意していきたいと思います。

ますます子どもたちの成長が楽しみなこどもセンター

保育園　保育士　圓井　美穂

　私は村外からここ鮫川村に嫁いできました。嫁ぎ先の自宅のそばに、こどもセンターに移転する前の鮫川幼稚園がありました。当時の印象は「なんとなくさびしそうな幼稚園だな」というものでした。一年保育というのもめずらしいと思いましたし、人数が少なく、遠目で見ると活気がないように感じてしまいました。

　こどもセンターになってからは、ゼロ歳児から5歳児までの子どもが100名以上になり、

にぎやかすぎるくらいにとても楽しそうな声が響いています。

　幼稚園と保育園の交流もあります。幼稚園主催でのお買い物ごっこの行事では、幼稚園のフロアに、3、4歳児たちが入り、それだけでもイベントなのに、そこで幼稚園児の手作りのおもちゃを買いに行く買い物ごっこ。売る方も買う方もドキドキワクワクで、その行事が終った後は、しばらく部屋での遊びの中でもお買い物ごっこが続きます。また、幼稚園の子が1階の乳児たちのお部屋に訪ねてきてくれて、いっしょに歌ったり、遊んだりするふれあいの時間もあります。入室直後はゼロ、1歳児の子に泣かれてしまい、とまどいを見せていた幼稚園の子も、保育者の声かけで優しく手をつないだり、声をかけたりしているうちに、最後はなかよしになるなど、あっという間のふれあいタイムはとてもほほえましいひとときです。

　私が保育士になりたいと思った理由はもちろん子どもが好きだからというのもありますが、もうひとつはいろいろな子どもの成長の過程をじかに見ることができるからです。そのことが、自分の子育てにも役立つと思ったからです。こどもセンターはゼロ歳から5歳児までの成長が一挙に見られ、毎日が発見や驚きの連続です。たいへん勉強になります。その成長の過程を子ども自身とともに職員みんなで保護者の方々といっしょに喜び合えること、とても幸せだと実感しています。さめがわこどもセンターでのびのびと育っていく子どもたちの将来がとても楽しみです。

話し合いから生まれた、新施設・新集団

保育園　保育士　生田目　京子

　新しい施設になったということが、築37年ほど経った施設で保育してきた者にとっては、とてもうれしかったです。廃校になった小学校を改築する際、園庭の遊具の配置や室内の構造、トイレの便器の数や壁紙の色まで保育者の考えを出し、子どもたちが生活しやすいだけでなく、保育者の保育しやすい施設にできあがったこともうれしいです。

　検討会の時に、今の施設が中央から離れるということで、村診療所から離れ、保育時の急な病気やケガのときはどうしよう、幼稚園の子どもたちが自分たちのプールのように毎日利用していた村営プールも遠くなってしまって、園に設置する簡易プールで子どもたちは満足できるだろうかなど心配もありました。でも、ここで生活するようになって、園の公用車、通園バスの利用などでかんたんに克服でき、村の中央から離れた不安、不便さはまったく感じません。それは、登降園時に自宅の庭先までバスに入ってもらえる保護者も同様なのではないかと思います。

　朝の受け入れ、日常の保育、朝夕の預かり保育、保育交代時の引継ぎなどを、この施設に入るときに一つひとつ話し合い確認し合いました。そのことは、保育経験の長い者の多い保

育者集団にとって、初心に帰るよい機会になりました。

小集団の施設だったときには、すぐに意思統一でき、訂正、働きかけできていたことが、集団、施設が大きくなったことで統一しきれず、子どもたちや保護者ばかりでなく、保育者自身が不安感を抱かずに毎日を過ごせるようにしていかなければならないと思っています。

毎月行われる誕生会を始め、運動会やお遊戯会などの保護者参加の行事、その取り組みの大きさにかかわらず一つひとつを、ゼロ歳から５歳児、保護者がどう参加し、どんなものにすればそれぞれが満足できるのかを考え合い、実践してきています。

保育内容という点でもゼロ歳から５歳児までの成長を見通した保育カリキュラムを作成し、自分たちの保育を見直しできたこともとてもよかったと思います。

私たちは、全員（嘱託、臨時職員も含む）が福島県保育連絡会に入っており、正職員全員が労働組合に加入しています。

現在、職員が全員揃う職員会議の日の会議終了後、職員組合の保育部会と保育連絡会の学習会をいっしょに開いています。その月の実践を報告し合い、保育カリキュラムの見直しを行っています。

今後もこどもセンターの保育の質を高め、保育者同士が学び合い、いつまでも成長し合えるいい集団になるために、いままで何回もみんなで話し合ってきたように、努力していく必要があると感じています。

統一カリキュラムを手放せない担任です

保育園　保育士　生田目　真由美

３つの施設が一つになり、「さめがわこどもセンター」としてはじまって３年目、あっという間だなーと感じます。

私個人としては、鮫川に来て、１年目は鮫川保育所、２年目は鮫川幼稚園、そして、３年目からこどもセンターと、毎年働く施設が変わったので、その度、仕事のやり方を覚えるだけでも精いっぱいで、仕事をしていく中でかなりとまどうこともあり、ほかの先生に迷惑かけたり、面倒をかけていました。こんな私でもこどもセンターで３年目を迎えられたこと、仕事を続けていられることにほっとしています。

施設が大きくなりましたので、死角部分を少しでも出してはならないと思っています。だから安全面においては以前よりも注意が必要になったと思います。人数も増え、階の違う子どもたちのようすが以前のようにはよく見えない点もあります。しかしその分、前よりももっと気持ちを引き締めることができたように思いますし、努力しようという気持ちにもなれたと思います。

また、施設が大きければ大きいほど、保育者同士が共通認識を持つ、コミュニケーション

を多くとることが大事なのだと今実感しているところです。

今年は、クラス担任になりました。保育園では副担任という立場で保育をしてきたものの、いざ担任となってみると「あれ、これはどうすればいいのだろう」とわからないことがたくさん出てきました。また、担任をまかされたのは2年ぶりということもあり、不安ばかりが先に立ってしまいます。

まだまだ半人前な私にとって、月の計画や週の計画を立てる時に、カリキュラムの年齢別指導計画が具体的活動で立案されているので、たいへん助かっています。

以前はいちご狩り、りんご狩りは、保育園だけでの行事で幼稚園児は体験できませんでした。いっしょになって、いちごやりんごが実際になっているのを目にし、直接自分で採って好き放題食べる経験をする子どもたちの喜びの笑顔はたまりません。また、家庭送迎の子は、「バスに乗れる！」と大喜びです。バスの中では、はしゃいで歌を歌ったりしています。一体化したことで、幼稚園の子も参加できるようになったことはほんとうによかったです。

施設・環境が整い　より保育が充実

　　　　　　　　　　　　　　　　　　　　　　　　保育園　保育士　芳賀　洋子

みんなで作り上げたこどもセンター。3施設の職員が1施設に集合して仕事ができる喜びと同時に新しい施設と環境が整ったなかで、子どもたちとともに過ごせることとてもうれしいです。

一体化された大きな施設になっての夏祭り花火大会は、遠くの保護者の方、地域の方を招いて大勢の人数が集まるなかでうまくいくだろうかという心配はありました。迎えてみると、多くの方が来てくださり楽しく集うことができました。子どもたちも、行事を通してやふだんの生活の中で、幼稚園児と保育園児の交流があるので、お互いにとけこんで参加できました。会の中では、幼稚園のお友だちがリードしてくれるところがたくさんありました。たとえば、つながり遊びの時やダンスの時、または歌を歌ったりする時など、幼稚園のお友だちがダンスをステキに踊っているのに刺激を受けて真似をするとか、大きな声で歌っているのを聞いていっしょに歌うなど、何倍にも楽しさが広がりました。

模倣で育つ面を持った子どもたちにとって、ゼロ歳から就学前までの子どもたちがいっしょにいることはとてもよいことだと思います。それに、クラス編成も同年齢か月齢に余り差がない年齢の子たちで構成されていますのでクラス運営もしやすくなってきました。

一体化により子どもも、職員も人数が多くなりました。今まで以上によりよい保育をめざして、子どもたち一人ひとりをしっかり見つめ、たいせつに受け止めて保育していかなければならないと思います。また、保育者集団として、職員一人ひとりがお互いに高められるかかわりを築けるよう努力していきたいと思います。

私は、今年度は子育て支援担当になり、村内の未就園児を対象に、いままでと違った立場で仕事にあたっています。地域のお母さんたちと触れ合う機会が多くなり、私にできることはなんなのだろうかとつねに模索しながら、保護者の方と子育てをいっしょに考えていきたいと思っています。

野菜に託された子どもたちの思いを受けて、今日もおいしい給食作り

こどもセンター　調理員　藤田　英子

　緑豊かな山と素晴らしい自然に恵まれた所に一体化施設さめがわこどもセンターがあります。広々とした建物で子どもたちが笑顔で過ごしている姿がかわいらしく、ほほえましく思います。

　保育の一環として、地域の長寿会の協力を得ながら、畑で野菜づくりをしています。苗を植えて、収穫までを子どもたちに体験させ、自分の手をかけ育て、育った野菜を給食に取り入れ食べています。

　畑の野菜を手に給食室まで持ってきてくれ、満足そうな顔で戻って行く子どもの姿がなんともいえません。給食を作る側としてもとても張り合いがあります。自分たちの畑で取れた野菜を食べることにより、嫌いな野菜も食べられるようになったという子もたくさんいます。もちろん素材には、地産の物を販売している「手・まめ・館」の野菜や、とうふ、豆乳、おからドーナツ、豆菓子、あぶらあげ等の豆製品も取り入れています。

　今、食育がたいせつだと言われています。このような体験をこれから先も続けていきたいと思います。

　ランチルームで子どもたちが食事している姿や、「いただきます！」「ごちそうさま。おいしかった！」「明日も作ってね」という子どもたちの声に、うれしくなり、励まされている毎日です。

　これからも、子どもたちのために給食室でおいしいお料理を作りたいと思います。子どもたちも、こどもセンターで体験したことや給食の味を大きくなっても忘れずにいてほしいと思います。

みんなで盛り上がった夏祭り花火大会

保育園　保育士　松崎　幸子

　鮫川村の二つの保育所と一つの幼稚園の合併はいくつかの心配もありましたが職員間では事前に何度も話し合いをし、また村民にも地域ごとで説明会を行い不安に答えるなどしてきました。

　幼保一体化の内容も整理され、村民が利用しやすい体制作りができたと思います。納得し

幼稚園と保育園がいっしょにおこなう行事のなかに、夏の大きな行事「夏祭り花火大会」があります。保護者に参加、協力してもらい園庭に夜店を出したり、つどいの時の歌やダンスでは幼稚園児がリードしてくれるので小さい子たちもまねして動き、楽しい気分が盛り上がります。キャンプファイヤーの点火も幼稚園児の代表が出ておこないます。そして保護者によるメインの花火の打ち上げとみんなが一体となってにぎやかに楽しむ行事の一つになってきています。

　役員の方々は、準備から片付けまでの協力の体制も合併前と変わりなく、たいへん献身的でその姿には頭が下がる思いがするとともに「子どもたちのために！」という思いがしっかりと伝わってくる瞬間でもあります。片付けが終わってから役員さんたちといっしょにジュースを飲んでひらく反省会では、和気あいあいのなか、各係りからはすぐに「夜店係りが目立つようにはっぴを着たり、お面をかぶるのもいいのでは……」「花火は打ち上げとドラゴンを交互に打ち上げるとよい」「夜店の金魚は忙しかった」「ヨーヨー係りは余裕があった……」と、具体的な反省がでます。

　また、近年、どの家庭も子育てへの関心が高まってきていることを感じます。距離的に遠くなった方が多いのですが、保護者参加の行事への夫婦での参加も増え、「夏祭り花火大会」はもちろんその他の行事でも両親の両祖父母たちの参加も多くなってきています。遠くからも家族といっしょに参加してくださり、「いやー、いがった！（よかった）」「よくやるもんだな！」などと、心から喜んで帰る姿に私たちは励まされます。保護者と職員みんなで準備したり、参加することでともに共感しあったり、感動しあうことができる喜びがあります。

　これからも、人数は多くなりましたが、行事のみならず日々の保育のなかでも、かけがえのない子どもたち一人ひとりをしっかりと受けとめ、保護者の方とともに子どもたちの成長を喜び、共感しあいながら保育をしていきたいと思います。

集団の中で育つ優しい心

保育園　保育士　松本　美貴子

　私はこの春から、さめがわこどもセンターで仕事をさせていただいています。

　一体化について私は、デメリットよりもメリットのほうが多いのではないかと思います。なぜなら、学生の時の実習園では、保育園、幼稚園が別々で、同年齢の枠の中で遊んでいる姿が多くみられました。

　しかし、今現在幼保一体化した現場で働いてみると、遊びのなかでも幼稚園児がお兄さん、お姉さんになり保育園児に接している姿が多く見られます。そういう姿を見ると小さい子どもを思いやる心が生まれているように感じます。また、子どもたちにとって触れ合う年齢層

の幅が広がり、交友関係も豊かになるのではないかと感じます。

　職員にとっても、いろいろな角度から幼児教育・保育をみることができ、幼保が補え合える環境にあり、お互いにプラスになっていると思います。

　幼児教育・保育は、つねに大人のつごうではなく、子どもの視点（立場）から考え、必要な教育環境を整えることが大事だと考えています。また、一体化によって双方の良い点を取り込める方向ですすめ、保育について柔軟に対応していくことが望ましいのではないかと考えます。さめがわこどもセンターは、それができているところのような気がします。

幼稚園の職員と保育園の職員が仲良し

保育園　保育士　水野　智恵子

　私は、臨時保育士としてこどもセンターにお世話になっています。

　幼稚園と保育園がいっしょになっているということは、どんなことなのかわからなかったのですが、実際保育者として仕事するなかで感じたことは、幼稚園と保育園が堅苦しく区別されているのかと思ったら、活動や職員間も何の隔てもなく、子どもたちも何の違和感もなく良い関係がとれていると思いました。

　ここを利用する保護者の方も別々に送迎ということがなく利用しやすいのではと思いました。保育園児も送迎バスを利用しているので、小さい子などは、保護者の方と連絡ノートのやりとりだけでは伝えたいことがうまく伝わらなかったりすることが心配されましたが、長く勤めている添乗員さんが、口頭やメモ書きで伝えてくれるので安心です。

りっぱな施設、交流の輪が広まる

幼稚園　教諭　渡辺　明美

　こどもセンターを創りあげていくなかで、子どもたちが所持品を片づけるロッカーなどはどこに設置すれば使いやすいのか、活動しやすい保育室にするにはどのようにすればよいのか、トイレの便器の高さや大きさ、年齢の低い子どもが利用するトイレは安心して用便がたせるようドアがない所も必要ではないか、2階のベランダの安全確保をどのようにするのかなど、完成への期待と不安がありました。

　センターが完成し、想像以上に立派な施設にできあがり感激したことを今でも思い出します。3施設の保育者がいっしょになり、先輩の先生方がたくさんいることで刺激を受け、学ぶことがたくさんあります。いろいろな行事のときも、担当（リーダー）の先生のくふうで、子どもたちがグッと集中し、会が盛り上がったりします。自分自身も学習しながらそんな保育者にならなければとつねに心掛けています。

　3施設がいっしょになることで、村中から子どもたちが集まり、保護者の方も自分の地区

の方々だけでなく、他の地区の保護者とも交流できるようになったと思います。

　そのひとつの行事に保育参観デーがあります。保育参観デーでは、子育てに関する講演会をしています。聞いてみたいと思えるように、身近な方（教育長・元教師）を講師に迎えひらいています。時間的にも負担にならず、家族ぐるみで聞きに来る方もいます。おじいちゃん、おばあちゃんもいっしょに聞くことで、家族のなかで我が子、孫をどう育てていくのかを話し合ったり、話題が増えることもあるようです。年齢が違っても（幼稚園児、保育園児）子育てについての基本的なことは変わらないので、同じ施設で、村の保護者が同じ話を聞けることはとてもよかったと思います。

　財政難の中でも、私たちが本気になって知恵を出せば、よい方向に向かって実現できることを学ぶことができました。

　　　　　　　　　　　　（青砥ハツ子・さめがわこどもセンターのスタッフ）

陽あたり良好！

振興公社準備室長（手・まめ・館）（元住民福祉課長補佐）　本郷　まさ子

　周りの大木に囲まれ、半日しか陽が当らない保育所、継ぎ足しだらけの園舎を民生委員と尋ねたのは、何年前だったろうか？

　民生委員さん一同口を揃えて、これでは子どもたちがかわいそう！と、さっそく、議会の事務局に、議員さんに新しい施設の事業調査ばかりでなく、古い施設の現状も調査してくれるよう申し入れたのが、保育所建設の計画をした発端だったように思います。

　それから、何年もの間、国の補助金の削減や県の計画の優先順位（入所待機児が多いところが優先）などから毎年毎年先送りにされ、併せて、地方交付税の削減から村財政の逼迫と町村合併の話があり、ますます保育所建設計画は遠のくばかりでした。一方、共稼ぎの家庭が増え、祖父母も勤めている方が多くなり、低年齢児の入所希望など、保育所のあり方や幼稚園の在り方に変化が生じてきていました。

　幸い、送迎は、保育所、幼稚園がいっしょに送迎していたことから、廃校になった小学校を利用し、保育所、幼稚園の一体化、子育て支援センターの充実を図れないか、先進地の事例を研究し視察をし、時には、建築技術職員もいっしょになって検討し、何とかなる、となったのが平成15年度後半。しかし、場所がなかなか決まらず、現在の場所（旧西野小学校）は補助年限が残っていたことにより、厳しいだろうと思いつつも、木のぬくもりがあり、余裕をもってつくられている施設は、子どもたちの環境にも魅力的でした。

　村の端から端まで来るようになる青生野地区、送迎者が多い渡瀬地区、村の中心から離れてしまう鮫川保育所・幼稚園それらの保護者を集めての地区説明会では、そうとうな反対意見が出るだろうと内心覚悟をきめて説明会にのぞんだ記憶があります。保育所・幼稚園の先生方も、できるだけ現状を維持しながら移行できればとあらゆる場面を想定、研究し、バス送迎は1時間以内に収める、という約束のもと保護者には納得していただきました。

　そんな中、町村合併では、自立の道を選択、国に地域再生計画を出す話があり、その中に「旧西野小学校を子育て支援センターに！」の項目を織り込んでもらい、平成16年6月に再生計画の認証が下ったときは、大きな拾い物をしたような、得した気分になったものです。

　今、「手・まめ・館」からこどもセンターに子どもたちの給食の食材を運びながら、太陽の下、いつも元気に走り回る子どもたちを見ています。鮫川村の自然に抱かれ、安全で、安心、そしておいしい野菜をいっぱい食べて、元気に、健やかに、そして、郷土を愛する心と人を愛する心をもった人間に成長してほしいと思います。

　入口の坂をのぼると、こどもセンターは今日も陽あたり良好!!

Epilogue おわりに　さめがわから何を学ぶのか

　さめがわこどもセンターの実践は、まだ2年しか経過していませんが、私たちにさまざまな問いかけをしています。

　さめがわこどもセンターの話を他の市町村の保育者の方にしていると、「鮫川村のような過疎の小さな村だからできた」という声が聞かれます。小さな村だからこそ、保育者や保護者の声が行政に届きやすいことは確かでしょう。

　しかし、人口4000人ほどの過疎の村の抱えた財政状況は大変なものです。財政力は、福島県内で下から4番目に弱い自治体です。小さな村だからこそ、保育者も保護者も大きな声を上げにくい雰囲気もあります。

　その中で、行政まかせではなく、まずは子どもたちや保護者、そして保育の現状を一番よく把握している保育者集団が声を上げたのです。さめがわこどもセンターは、村立の施設ですから全員鮫川村の職員です。保育の問題は、やはり保育者が保護者とともに声を上げなければ何もすすみませんが、鮫川村は保育者の実践を村が支えています。

　ひとつ例を紹介します。2007年10月27日、鮫川村においてこどもセンターの職員が中心となって「第26回福島県保育・子育てのつどい」が開かれたときのことです。夜の交流会が終了したときは、激しい雨が降っていました。そんな雨の中、駐車場で車の誘導をしていた係りの一人に大樂村長がいました。村長がボランティアの一員としてこどもセンターを支えるという気風のなかで、こどもセンターも成長を続ける原動力があるのではないでしょうか。

　私たちは、保育者が、子どもたちや保護者、そして村民のニーズから出発して、鮫川村に最も適した保育施設を作り上げていき、今現在ももっとよくしたいということで改善の道を探っているということこそ学ばなければならないのではないでしょうか。

　今、さめがわこどもセンターの見学申し込みは後を絶ちませんが、たんに施設を参考にするだけでなく、こどもセンターを作り上げた保育者集団について学んでもらいたいと思っています。さめがわこどもセンターは、たとえば5歳児は全員幼稚園に通っています。それは鮫川村の保護者のニーズから出発しているからで、他の市町村ではまた違った選択がなされるでしょう。

　私たちは、「鮫川村だからできた」ではなく、「鮫川村でもできた」という視点で鮫川村の教訓を学ばなければならないのではないでしょうか。

最後になりましたが、この実践をまとめるにあたって、鮫川村まで足を運んでいただきサポートしていただいたひとなる書房名古屋研一・名古屋龍司さんに感謝申し上げます。

　2007年12月

野津　牧

■■■■ 著者紹介・執筆分担

野津　牧（のづ　まき）　　　　　　　　　　　　　　　　　　＜編者・第Ⅰ章執筆＞

　　　　1951年生まれ。
　　　　日本福祉大学大学院社会福祉学研究科福祉マネジメント専攻修士課程終了。
　　　　児童養護施設施設長を経て、現在東日本国際大学福祉環境学部社会福祉学科講師。
　　　　2000年より「まきさんの子育てＳＯＳ」にて、子育て相談実施中
　　　　　　　　　（http://www.paw.hi-ho.ne.jp/kosodatesos/）
　　　　主著　『児童養護の理論と実際』みらい（2003）
　　　　共著　『新　子どもの問題ケースブック』中央法規（2004）
　　　　　　　『児童養護施設と子どもの生活問題』三学出版（2005）
　　　　　　　『児童養護施設の援助実践』三学出版（2007）他。

青砥ハツ子（あおと　はつこ）　　　　　　　　　　　　　　　＜編者・第Ⅱ章、第Ⅲ章執筆＞

　　　　1948年生まれ。
　　　　福島女子短期大学保育科卒業後、鮫川村の保育所・幼稚園に勤務。
　　　　2006年より鮫川幼稚園園長・鮫川保育園園長を兼務する、
　　　　さめがわこどもセンター所長に就く。

さめがわこどもセンター　　　　　　　　　　　　　　　　　　＜第Ⅱ章、第Ⅲ章執筆＞

　　鮫川幼稚園　　菊地　朋子　　鈴木恵美子　　渡辺　明美
　　鮫川保育園　　角田　順子　　赤坂　京子　　遠藤サト子　　小針　富子
　　　　　　　　　佐藤キヨ子　　鈴木　令子　　圓井　美穂　　生田目京子
　　　　　　　　　生田目真由美　芳賀　洋子　　松崎　幸子　　松本美貴子
　　　　　　　　　水野智恵子
　　こどもセンター　金澤　満　　金澤　久　　國井小夜子　　藤田　英子

　〒963-8407　福島県東白川郡鮫川村赤坂西野字酒垂3－3　TEL 0247（29）1010

さめがわこどもセンター誕生物語──"幼保一元"と過疎の村の選択

　　2008年1月20日　　初版発行

　　　　　　　　　　　　　　　　　　　　　　編著者　　野津　　牧
　　　　　　　　　　　　　　　　　　　　　　　　　　　青砥ハツ子
　　　　　　　　　　　　　　　　　　　　　　発行者　　名古屋研一
　　　　　　　　　　　　　　　　　　　発行所　㈱ひとなる書房
　　　　　　　　　　　　　　　　〒113-0033 東京都文京区本郷2-17-13
　　　　　　　　　　　　　　　　　　　　　　広和レジデンス１Ｆ
　　　　　　　　　　　　　　　　　　　　　TEL 03（3811）1372
　　　　　　　　　　　　　　　　　　　　　FAX 03（3811）1383
　　　　　　　　　　　　　　　　　　　e-mail：hitonaru@alles.or.jp

©2008　印刷・製本／モリモト印刷株式会社
＊乱丁、落丁本はお取り替えいたします。お手数ですが小社までご連絡ください。

好評書のごあんない

●21世紀の保育観・保育条件・専門性
保育の質を高める
大宮勇雄著
Ⅰ いま、保育観が問われる時代／Ⅱ 市場原理と保育の質〜質の悪化を招く、日本の保育改革／Ⅲ 第三者評価・マニュアル化と保育の質／Ⅳ 保育の質研究が明らかにしたもの〜21世紀の保育と保育の専門性。
●4-89464-097-X　A5判・本体1800円

●この子の今を大切に
徹底して子どもの側に立つ保育
清水玲子著
どんな話し合いも子どもの姿ぬきにははじめない。子どもたちみんなを、職員みんなで育てよう。懸命に生きる子どもたち一人ひとりの今を認め、徹底してその思いをかなえようとする実践から見えてきたものとは。●4-89464-098-8　A5判・本体2000円

●LD、ADHD、アスペルガー、高機能自閉症児
「ちょっと気になる子ども」の理解、援助、保育
別府悦子著
子どもの「困った行動」は自分の力量不足が原因、と思っていませんか？「気になる子」の理解を深め、成長を支える実践的な手だてを探ります。
●4-89464-095-3　A5判・本体1300円

●実践に学ぶ
保育計画のつくり方・いかし方
保育計画研究会編
本当に役立つ保育計画とは何か？ 12の実践を素材に、年齢ごとの発達課題をふまえ、計画と実践の関連をいきいきと描いた画期的なテキスト。
●4-89464-079-1　B5判・本体2400円

●保育・子育てと発達研究をむすぶ　幼児編
3歳から6歳
神田英雄著
現場の保育者の視線に寄り添って、豊富な実践記録に学んだ「生きて生活する子どもの心・姿」を通して幼児期の発達と保育の課題に迫る。
●4-89464-078-3　A5判・本体1500円

●急変する生活・労働実態と保育の原点
時代と向きあう保育・上
鈴木佐喜子著
厳しさを増す親の労働・生活実態、その背景にある政治・経済の流れを、保育行政の動きとともに明らかにする。改めて保育とは何かを問う力作。
●4-89464-072-4　A5判・本体1700円

●子どもの育ちを守ることと親を支えることのジレンマをこえて
時代と向きあう保育・下
鈴木佐喜子著
親も子も犠牲にせず、保育者も主体的に働ける保育のあり方を、親とのトラブル、長時間保育・子育て支援などの課題に即して、提起します。
●4-89464-073-2　A5判・本体1700円

●子どもと過ごす極上の時間
シナリオのない保育
岩附啓子著
子どもの心の動きに合わせて展開する自由自在な保育。臨場感あふれる文章にひきこまれながら、保育にとって何が大事なのか考えさせられます。
●4-89464-074-0　四六判・本体1800円

3歳は人生のはじまり
天野優子著
3歳児の四季を綴る笑いと涙と感動の実践記録。子どもたちのありのままの姿が親子・保育者たちを元気づける。汐見稔幸氏も絶賛の本！
●4-938536-88-9　四六判・本体1650円

●年齢別保育研究シリーズ
4歳児の自我形成と保育
岡村由紀子・金田利子共著
仲間をくぐって、自分に気づく4歳児の時代に自己コントロール力を豊かに育てていく姿を実践者と研究者が共同で考察した画期的な本。
●4-89464-057-0　A5判・本体1800円

●年齢別保育研究シリーズ
5歳児の協同的学びと対話的保育
加藤繁美・秋山麻実他著
茨城大学教育学部附属幼稚園による克明な実践記録をもとに、対話を軸に心地よい背伸びと学びを保障する実践の有りようと今日的課題を提起する。
●4-89464-087-2　A5判・本体1800円

◎保育の教室シリーズ　保育をめぐるホットな課題を平易に解説する新シリーズ

①**受容と指導の保育論**
茂木俊彦著
受容・共感と指導を統一した保育を「実践的に子どもを理解する」視点を軸に明らかにする。園内研修・実践検討のテキストとして大好評。
●4-89464-066-X　四六判・本体1500円

②日本社会と保育の未来
子どもへの責任
加藤繁美著
今ここにいる子、将来生まれてくる子どもたちのために、国・自治体、そして保育者と親の果たすべき「責任」のありようを心から問いかける。
●4-89464-075-9　四六判・本体1600円

◎新保育論シリーズ　実践と理論をむすぶ新しい「保育論」構築のための理論書シリーズ

①保育実践の教育学
保育者と子どものいい関係
加藤繁美著
「自由」も「指導」も大切。でもどう実践すればいいのか。「共感」をベースに保育者と子ども、保育者同士のよりよい関係づくりを提起します。
●4-938536-63-3　A5判・本体2136円

②続・保育実践の教育学
子どもの自分づくりと保育の構造
加藤繁美著
保育の目標と保育内容の構造を、0〜6歳児の自我の育つみちすじにそくして提起します。大好評『保育者と子どものいい関係』の続編。
●4-89464-004-X　A5判・本体2200円

③指導と理論の新展開
あそびのひみつ
河崎道夫著
「おもしろさ」をキーワードにあそびと指導の関係を問い直した斬新なあそび論。あそびのふくらませ方に悩んでいる人におすすめの一冊。
●4-938536-74-9　A5判・本体2330円

④描画活動の指導と理論の新展開
描くあそびを楽しむ
田中義和著
「あそびとしての描画活動」の視点で、これまでのきちんと描かせる実践や診断的見方などを再検討。「楽しさ」を基点にした画期的な指導を提起。
●4-89464-009-0　A5判・本体2200円

⑤
現代の子育て・母子関係と保育
鈴木佐喜子著
親たちの困難な実態と、そうした親子とともに歩もうとする保育者たちの実践に光を当て、新たな親と保育者の共同のあり方を探る。
●4-89464-025-2　A5判・本体2200円

⑥絵本をおもしろがる子どもの心理
もっかい読んで！
田代康子著
絵本を面白がる「心の動き」から子どもたちの驚くほどの豊かな感情体験をたどっていきます。子どもと絵本を読む楽しさ・大切さに気づかせてくれる。
●4-89464-048-1　A5判・本体2200円

〒113-0033　東京都文京区本郷 2-17-13-101　**ひとなる書房**　TEL 03-3811-1372／FAX 03-3811-1383